FICHA CATALOGRÁFICA
(Preparada na Editora)
Xavier, Francisco Cândido, 1910-2002.

X19n   *Ninguém Morre* / Francisco Cândido Xavier,
Espíritos Diversos, Elias Barbosa. Prefácio de Emmanuel.
Araras, 15ª edição, IDE, 2021
176 p.
ISBN 978-65-86112-18-4

1. Espiritismo 2. Psicografia I. Espíritos Diversos.
II. Barbosa, Elias, 1934-2011. III. Título.

CDD -133.9
-133.91
-133.901 3

Índices para catálogo sistemático
1. Espiritismo 133.9
2. Psicografia: Mensagens: Espiritismo 133.91
3. Vida depois da morte: Espiritismo 133.901 3

ninguém morre

ISBN 978-65-86112-18-4

15ª edição - junho/2021
3ª reimpressão - maio/2025

Copyright © 1983,
Instituto de Difusão Espírita - IDE

Conselho Editorial:
Doralice Scanavini Volk
Wilson Frungilo Júnior

Produção e Coordenação:
Jairo Lorenzeti

Revisão de texto:
Mariana Frungilo Paraluppi

Capa:
Samuel Carminatti Ferrari

Diagramação:
Maria Isabel Estéfano Rissi

Parceiro de distribuição:
Instituto Beneficente Boa Nova
Fone: (17) 3531-4444
www.boanova.net
boanova@boanova.net

INSTITUTO DE DIFUSÃO ESPÍRITA - IDE
Rua Emílio Ferreira, 177 - Centro
CEP 13600-092 - Araras/SP - Brasil
Fones (19) 3543-2400 e 3541-5215
CNPJ 44.220.101/0001-43
Inscrição Estadual 182.010.405.118
www.ideeditora.com.br
editorial@ideeditora.com.br

Todos os direitos reservados. Nenhuma parte desta publicação pode ser reproduzida, armazenada ou transmitida, total ou parcialmente, por quaisquer métodos ou processos, sem autorização do detentor do copyright.

CHICO XAVIER
& ELIAS BARBOSA

ninguém morre

Série
"A vida depois da morte"

*Fatos de indiscutível autenticidade
da continuidade da vida.*

Sumário

Ninguém Morre 9
    Emmanuel

1 – "Sou eu mesmo" 11
    Juninho (Bernardino Victoi Júnior)

2 – Promoção em trabalho e conhecimento 33
    Edna Telma (Edna Telma Pena)

3 – "Tudo brilha para a nossa esperança" 42
    Edna Telma (Edna Telma Pena)

4 – "Rogo não me considerem pessoa espancada ou ferida" 46
    Eliete

5 – "Rogue ao papai desculpas para a nossa irmã" 57
    Eliete

6 – "Apaguem, por favor, quaisquer sinais de acusação
contra alguém" 64
    Fátima (Fátima Solange Assis Campos)

7 – "Não se deixe abater pela tristeza ou pela inconformação" . 78
   Fátima Solange (Fátima Solange Assis Campos)

8 – "Já estou começando a reviver"................................... 86
   João dos Santos Moutinho

9 – Mensagem da vovó e mãe do coração 97
   Maria Thereza Lopes Maniglia

10 – "Deus era a única sílaba que nos escapava do coração
   e da boca"... 103
   José Roberto (José Roberto Alves Pereira)

11 – "É preciso praticar aceitação como se exercita
   qualquer esporte".. 118
   Marco Antônio Migotto

12 – "Rogo ao seu carinho regressar à esperança" 125
   Marco Antônio (Marcos Antônio Migotto)

13 – "Filha querida, Deus a abençoe" 130
   Dinah (Maria Dinah Crispim Jayme)

14 – Nos dias de céu azul 142
   Osmar (Osmar de Freitas Filho)

15 – "Mamãe, peça ao papai que viva para nós" 157
   Osmarzinho (Osmar de Freitas Filho)

16 – "Tudo aquilo que parecia fim representou um
   grande recomeço para seu filho" 167
   Wander (Wander Alves Azerêdo)

Ninguém morre

Leitor amigo.

Os apelos comovedores que nos chegam de várias procedências suscitam em nós outros o desejo de responder particularmente a todos os irmãos que no-los dirigem, porque quase todos se referem ao sofrimento ante a perda de criaturas queridas.

*

"Que notícias poderá enviar-me, com relação a meu filho desencarnado?"

"A morte de minha esposa deixou-me em desespero. Como obter alguma informação com respeito a ela?"

"Desde o adeus de minha mãe, que nos deixou tomados de angústia, ansiamos por algum esclarecimento que nos fale dela, em outra vida."

"Por favor, fale-nos de nossa filha, cuja morte nos deixou inconsoláveis."

Solicitações quais essas nos requisitam, quase que a todos os dias, e respondemos aos companheiros que no-las dirigem tanto quanto se nos faz possível; no entanto, leitor amigo, de sentimento voltado para todos os que experimentam semelhante provação, temos o reconforto de oferecer-te este livro, cuidadosamente anotado por nosso amigo médico, Dr. Elias Barbosa, apresentando comunicantes do Além, cujas palavras nos merecem atenciosa consideração.

*

Convidando-te a lê-lo e agradecendo-te a acolhida, sintetizamos tudo quanto desejávamos dizer aos irmãos mergulhados na saudade dos entes queridos, hoje domiciliados no Mais Além, com estas duas simples palavras:

Ninguém morre.

Emmanuel

Uberaba, 15 de março de 1983.

1

"Sou eu mesmo"

Mãe, abençoe-me.

Vozinha, guarde-me em suas preces.

Sou eu mesmo.

Estou na escuta.

Compreendo, mamãe.

Tudo se foi, do ponto de vista da experiência propriamente material.

Até o corpo se desmanchou, do mesmo jeito que a fumaça que, por fim, desapareceu.

Do Natal de choque e de lágrimas em que tantas surpresas e tantas inquietações se amontoaram sobre nós — num momento só —, restamos nós ainda mais unidos, coração para coração.

Isso não é surpresa para mim.

Sempre pensei no, íntimo, que seria assim mesmo.

Estava ao seu lado e procurava a sua presença por toda parte, era seu filho e não sabia por que me sentia mais do que isso.

Quem sabe medir essas complicações?

Eu não sei.

O que não nego é que a chamada morte *me soldou espiritualmente ao seu carinho.*

Lembro-me com clareza.

Quando o carro em movimento me tocou a peça quase parada, recordo o salto obrigatório em que me vi despejado, quase em voo cego, ignorando onde bateria meu corpo.

Uma pancada de cabeça me tonteou!...

Quis raciocinar ou falar, mas não consegui.

Tive a ideia de que um barulho imenso me tomava a sede do pensamento, e não conseguia reunir ideias para essa ou aquela resolução.

Entretanto, joguei meus impulsos interiores para a sua imagem e para Cida, junto de quem poderia eu valer alguma coisa...

Senti que me recolhiam e que me transportavam para lugar que não dispunha de visão para reconhecer.

Suponho que a morte — se a morte possui indivi-

dualidade — *se compadeceu de mim e não quis me tocar enquanto a sua mão não me abençoasse...*

Esperei, esperei...

E o momento chegou...

Percebi que a sua presença se comunicava comigo, ouvia a sua voz e pressenti o seu espanto, e quando as suas mãos me tatearam de leve, esforcei-me por dizer que a esperava...

Reuni todas as minhas energias e tentei mobilizar a boca de modo a falar com clareza; no entanto, apenas pude emitir um grito que se fazia muito mais um gemido de dor, que a sua bondade compreendeu...

Num gemido só, eu disse tudo o que ansiava transmitir-lhe...

Que momento belo e terrível! — *porque o seu entendimento de mãe não mais se apartou de mim.*

Percebi que a Dídi nos acompanhava, e que estávamos reunidos num carro que somente depois vim a saber tratar-se da ambulância, em que descansei num sono realmente de morte.

Mãe querida, tantas lutas vivemos juntos!...

A parada final não podia ser diferente.

Ambos em harmonia, imaginando e vendo a vida com a cabeça um do outro...

A morte devia obedecer a esse mesmo figurino.

Hoje, compreendo que nos separamos em viagem, porque a ambulância era igualmente um veículo igual aos outros, e a via pública é a continuação de qualquer estrada.

O torpor em que me vi prostrado se transformou num desmaio que atingiu a própria inconsciência.

Quando acordei, achava-me num lar acolhedor e, ao meu lado, alguém me falava com a doçura da Vozinha...

O receio da morte estava em mim, qual se não houvesse, de minha parte, atravessado a passagem estranha...

Essa criatura que vim a reconhecer — a Vó Bernardina — explicava-me com bondade e prudência tudo o que me sucedera.

Buscara-me num hospital a que fora recolhido, trazendo-me para junto dela, com permissão das autoridades que me assistiram, sem que eu tomasse qualquer conhecimento disso, e dialogava comigo, auxiliando-me a entender a situação com menos choro e mais segurança.

Aceitar a novidade não me foi fácil.

A sua presença, a família, a lembrança de Cida e da Fabiana me surgiam na memória...

Reconheci que devia ter viajado ao encontro do Lênio e que fora arrebatado por outras imposições.

Mãe, aí eu chorei mesmo.

Era efetivamente o seu menino, procurando o seu colo para esconder a minha contrariedade e o meu sofrimento.

A vovó Bernardina deixou que eu derramasse as lágrimas que eu quisesse, e concordou comigo que não era justo deixar a Terra assim tão cedo...

Ela bem que sabia terminado o meu tempo, mas o amor das avós é grande demais para saber tratar com a realidade.

Vó Bernardina dizia o que eu desejava fosse dito, repetia-me o "sim" de quem ama sem desejar a criação de qualquer problema, e lutei comigo mesmo, até que o meu avô Totônio e o meu tio Pedro conversassem comigo de homens para homem.

Busquei uns restos de fortaleza, que me fugiam do espírito, e reajustei-me.

Fiz-me de valoroso para conseguir reaproximar-me de casa e, com isso, ensaiando uma energia que era simplesmente de araque, fui vê-la em nosso recanto.

Mãe, agora, vejo claro.

Muito obrigado por sua coragem.

Os seus pensamentos promoviam o apoio em favor de Cida e da nossa pequena, e o seu exemplo me fortaleceu.

A coragem é também contagiosa.

Envergonhei-me de haver chorado tanto e pedi para me lançar ao trabalho.

Graças a Deus, o seu plano foi realizado.

A nossa querida Aparecida regressou aos pais com uma casa própria, e Deus permitiu igualmente que um companheiro a desposasse.

Ficamos nós dois de novo, intimamente associados.

Então, querida mãe, é que reconheci que nos pertencemos, de todo, um ao outro.

O Toni e o Neto, a Dídi e a Lourdinha, irmãos que estimo tanto, acham-se em seus lugares próprios, nos compromissos que abraçaram.

De minha parte, notei que o seu coração querido é a minha pousada e o meu porto, no rio tumultuado em que a gente vai viajando...

Felizmente, com a sua força, voltou a minha resistência, ao modo da luz de uma vela acesa quando inflama uma vela apagada, e tomo novos rumos com o seu coração querido na marcha em direção ao futuro.

Se procurei reencontrá-la, você igualmente não acreditou na morte e veio ao meu encontro.

Sei quantas dificuldades você atravessou para vencer as ilusões dos sentidos físicos e agora, de corações unidos, sempre que possível, retemperamos energias na união espiritual.

Com o amor, não há quem se veja derrotado e, por isso, amparado em seu carinho, prosseguirei melhorando.

O avô Totônio, o tio Pedro, a vovó Joaquina, a Madre Natividade — amiga de meu avô que fiquei conhecendo —, e meu pai Bernardino, tanto quanto possível, auxiliam-me e, com isso, querida Mãe, nós dois prosseguimos viajando até que, um dia, possamos ficar juntos para sempre.

A Vozinha está aí, a tia Idinha, o tio Weaker e tanta gente boa me permitem escrever...

Perdoem-me todos se tanto me estendo...

Um encontro entre mãe e filho faz sinal vermelho em qualquer trânsito.

Todos me desculparão pelas minhas alegrias e por minhas lágrimas de agradecimento a Deus!

Mãe, não nos separaremos.

Continue trabalhando sempre.

Agradeço quanto fez e fará por nossa estimada Cida, que hoje é para mim uma irmã do coração.

Peço dizer à nossa Ana que, muitas vezes, vou vê-la no Adauto, e também à Lourdinha visito sempre, na tarefa a que ela se dedicou no auxílio às crianças em dificuldade.

Ao nosso Helder e ao nosso prezado amigo Peixoto, sem me esquecer da nossa estimada Rosa, os meus agradecimentos que se estendem ao nosso Lênio, amigo que me auxiliou providencialmente nas horas mais decisivas do meu caminho.

Mamãe, com a nossa querida Vozinha, receba todo o meu carinho de sempre.

Aqui fico a me lembrar de nossas alegrias e de nossos apertos.

Tenho saudades da nossa condução de trabalho, em que nós dois procurávamos com tantos obstáculos a conquista do metal para as despesas, tenho saudades dos nossos segredos, para que os irmãos e a Vozinha não soubessem que as dificuldades eram tantas, e penso na bondade de Deus quando me recordo de que todas as provas foram vencidas.

Mãe, uma vez mais, beijo o seu rosto.

Perdoe-me o trabalho que dei ao seu amor, e

receba todo o coração, repleto de esperança, do seu filho, sempre o seu

Juninho

Bernardino Victoi Júnior.

* * *

Com amor, não há quem se veja derrotado

Na tarde de 30 de março de 1980, em Uberaba, Minas Gerais, graças à gentileza do casal amigo Sr. Weaker-D. Zilda Batista, entrevistamos a Sra. Maria Costa Victoi, residente em Goiânia –, sobre a mensagem que ela recebera de seu filho Juninho – Bernardino Victoi Júnior –, por intermédio do médium Francisco Cândido Xavier, no Grupo Espírita da Prece, nove dias antes, a que demos o título de "Sou eu mesmo".

Por itens, vejamos o que conseguimos apurar da referida entrevista:

1 – Juninho nasceu em Anápolis, Estado de Goiás, a 27 de março de 1957, e desencarnou na capital do mesmo Estado – Goiânia –, em consequência de acidente com moto, a 25 de dezembro de 1978.

Seu pai, Sr. Bernardino Victoi, que nasceu em Catalão (GO), a 2 de agosto de 1912, desencarnou na capital do Paraná – Curitiba –, a 18 de março de 1968, vítima de insuficiência renal.

Tendo feito somente o Curso Ginasial, Juninho chegou a trabalhar com a genitora numa firma ligada ao comércio de carnes e, no dia em que foi sepultado – 26 de dezembro –, já com a passagem de ônibus comprada, deveria retornar a São Paulo a fim de concluir a documentação necessária para ingressar na aviação civil.

Era espírita convicto e, segundo as informações dos familiares, lia os volumes da mediunidade de Chico Xavier com grande atenção.

2 – *Vozinha:* trata-se de D. Ana Maria Costa, avó materna, residente em Goiânia. Nasceu a 6 de janeiro de 1901.

3 – "Quando o carro em movimento me tocou a peça quase parada, recordo o salto obrigatório em que me vi despejado, quase em voo cego, ignorando onde bateria meu corpo. / Uma pancada de cabeça me tonteou!..."

Tanto a referência do "Natal de choque e de lágrimas" quanto os presentes detalhes do quase voo cego e do traumatismo cranioencefálico são muito importantes do ponto de vista de autenticidade mediúnica.

Com efeito, segundo as pessoas que testemunharam o acidente, Juninho aguardava a abertura do sinal verde, no semáforo perto da CELG – Centrais Elétricas de Goiânia –, na Avenida Anhanguera, quando o carro dirigido por uma senhora lhe abalroou a moto, jogando-o longe, indo-lhe a cabeça de encontro ao meio-fio.

4 – "Entretanto, joguei meus impulsos interiores para a sua imagem e para Cida, junto de quem poderia eu valer alguma coisa..."

O Autor Espiritual se refere à sua ex-esposa, D. Maria Aparecida, que se casou cerca de oito meses após a desencarnação de Victoi Júnior, e se encontrava grávida por ocasião de nossa entrevista.

Conforme nos informou D. Maria, quando Juninho retornou de São Paulo, a 23/12/78, ao perceber que a esposa se encontrava com um anel junto da aliança no dedo, teria perguntou-lhe:

— Você com anel de viúva?

Dois dias depois, sem que conscientemente buscasse a desencarnação, penetrou-lhe os domínios.

5 – "Percebi que a sua presença se comunicava comigo, ouvia a sua voz e pressenti o seu espanto, e quando as suas mãos me tateara de leve, esforcei-me por dizer que a esperava... / Reuni todas as minhas energias e tentei mobilizar a boca de modo a falar com clareza; no entanto, apenas pude emitir um grito que se fazia muito mais um gemido de dor, que a sua bondade compreendeu... / Num gemido só, eu disse tudo o que ansiava transmitir-lhe..."

Eis, leitor amigo, palavra a palavra, o que nos disse

a entrevistada sobre esses expressivos trechos da mensagem:

— Aí está, meu caro doutor, revelado o segredo que existia entre mim e o Juninho que somente a abençoada mediunidade de Chico Xavier poderia trazer a público.

Nunca havia dito isso para ninguém: na ambulância, quando segurava o frasco de sangue, eu tinha a nítida impressão de que ele – Juninho – estivesse dormindo.

Sem que saiba explicar como foi direito, senti um desfalecimento, e logo estávamos – o Juninho alegre, bonito, com os cabelos esvoaçantes, um companheiro todo de branco e eu – numa embarcação belíssima. O ar era tão puro, tudo tão belo!

Num lapso de segundos, voltei a mim e ouvi o gemido que escapou dos lábios mudos do meu filho.

Percebi – e com que fortaleza de ânimo! – que ele havia se desligado do corpo.

Daí para cá, eu não tive tristeza nem ansiedades aflitivas, porque o vejo e lhe sinto a presença.

Noto, perfeitamente, que ele me beija e me abraça, repetindo sempre:

— Paciência, Mãezinha! A senhora vai vencer!

6 – "Percebi que a Dídi nos acompanhava, e que

estávamos reunidos num carro que somente depois vim a saber tratar-se da ambulância, em que descansei num sono realmente de morte."

Sobre a *ambulância*, a que Juninho novamente alude linhas abaixo, confrontemos o item anterior.

Quanto à *Dídi,* trata-se da irmã Ana Maria Costa Victoi, psicóloga, residente em Goiânia.

Pormenor seriíssimo este: somente Juninho a chamava assim — *Dídi,* e não *Didi* — e ninguém mais.

Eram irmãos com pouca diferença de idade.

7 — "Mãe querida, tantas lutas vivemos juntos!..."

Victoi Júnior, desde criança, revelou-se trabalhador, calado, de semblante tristonho, desapegado dos bens materiais.

Era o companheiro inseparável de sua mãezinha nos trabalhos pesados, principalmente carroçando, e sempre disposto a qualquer tarefa braçal com a qual viesse a se defrontar.

8 — *Vó Bernardina:* trata-se da bisavó paterna — D. Bernardina Rosa de Jesus, que nasceu em Catalão (GO), a 13 de abril de 1870, e desencarnou em Corumbaíba, no mesmo Estado, a 11 de maio de 1935.

9 — *Fabiana:* filha adotiva — Fabiana de Almeida, na época da entrevista com 5 anos de idade.

10 – "Reconheci que devia ter viajado ao encontro do Lênio e que fora arrebatado por outras imposições, (...)."

Com efeito, um pouco deprimido, tencionava Victoi Júnior fazer uma consulta com seu primo, Dr. Weaker Lênio Costa Batista.

11 – "... e lutei comigo mesmo, até que o meu avô Totônio e o meu tio Pedro conversassem comigo de homens para homem."

Tratam-se de:

a) *Avô Totônio:* Sr. Antônio Salvino da Costa Sobrinho, avô materno, que nasceu em Catalão (GO), a 12 de junho de 1900, e desencarnou no Município de Caldas Novas (GO), a 9 de julho de 1938.

b) *Tio Pedro:* Sr. Pedro Salviano da Costa, tio materno, desencarnado em acidente – arrastado pelo animal que cavalgava –, em 1934, em Catalão.

12 – "A nossa querida Aparecida regressou aos pais com uma casa própria, e Deus permitiu igualmente que um companheiro a desposasse."

Sobre o assunto de novo casamento do cônjuge que continua no plano denso da matéria, temos na Doutrina Espírita material valioso a estudar.

13 – "O Toni e o Neto, a Dídi e a Lourdinha, irmãos que estimo tanto, acham-se em seus lugares próprios, nos

compromissos que abraçaram." – Juninho se refere aos seus irmãos, todos residentes em Goiânia:

a) *Toni:* Antônio Alberto Victoi, o primogênito da casa.

b) *Neto:* apelido do Dr. Eurípedes Dolival Victoi, distinto advogado.

c) *Dídi*: cf. item 6, acima.

d) *Lourdinha:* D. Maria de Lourdes Victoi Favaretto, dedicada professora para excepcionais, na Escola Pestalozzi.

14 – "Com amor, não há quem se veja derrotado e, por isso, amparado em seu carinho, prosseguirei melhorando."

Que cada um de nós possa, com urgência, erradicar qualquer traço de ódio que, conscientemente, venha a albergar dentro de si.

Com o serviço infatigável no bem, a pouco e pouco, todos conseguiremos nos despojar de quaisquer tendências inferiores que, inconscientemente, remanescem conosco de vidas pregressas.

15 – "O avô Totônio, o tio Pedro, a vovó Joaquina, a Madre Natividade e meu pai Bernardino." – Remetendo o leitor ao item 11 – *a* e *b* –, acima, completemos os seguintes dados:

a) *Vovó Joaquina:* bisavó materna, D. Joaquina Ferreira nasceu e desencarnou em Catalão (GO).

b) *Madre Natividade:* amiga da infância do avô Totônio, em Catalão.

16 – "A Vozinha está aí, a tia Idinha, o tio Weaker e tanta gente boa me permitem escrever..."

Sobre a Vozinha, consultemos o item 2, acima.

a) *Tia Idinha:* D. Zilda Costa Batista, tia materna, distinta poetisa, residente em Uberaba.

b) *Tio Weaker:* Sr. Weaker Batista, marido de D. Zilda e dedicado companheiro do médium Xavier, nas tarefas do Grupo Espírita da Prece.

17 – "Um encontro entre mãe e filho faz sinal vermelho em qualquer trânsito." – Para quem veio a desencarnar em acidente de trânsito, belíssima imagem esta do sinal vermelho.

18 – *"No Adauto":* Hospital Adauto Botelho, de Goiânia.

19 – "Ao nosso Helder e ao nosso prezado amigo Peixoto, sem me esquecer da nossa estimada Rosa, os meus agradecimentos que se estendem ao nosso Lênio, amigo que me auxiliou providencialmente nas horas mais decisivas do meu caminho."

a) *Helder:* trata-se do cunhado Sr. Helder Teixeira Favaretto (marido de D. Lourdinha), residente em Goiânia.

b) *Peixoto:* Sr. José Basílio Peixoto, amigo da família.

c) *Rosa:* D. Rosa Maria Barros Victoi, distinta cunhada.

d) *Lênio:* cf. item 10, acima.

20 – "Tenho saudades da nossa condução de trabalho, (...)." – D. Maria nos confirmou que, por muitos anos, ela e o filho – o inesquecível Juninho – tiveram oportunidade de, juntos, trabalharem nos serviços mais rudes, buscando a própria sobrevivência, com alegria e sem nenhuma revolta, principalmente quando conduziam uma carroça puxada por um só cavalo.

"Que tempo maravilhoso aquele nosso, meu Deus!" – acrescentou a nossa entrevistada, com os olhos úmidos de lágrimas.

※※※

Tencionávamos encerrar com o parágrafo anterior o presente capítulo.

Entretanto, apreciando o relato das visões e dos sonhos de D. Maria, não tivemos outra alternativa senão resumir algumas dessas experiências fora do corpo, para edificação nossa e de nossos leitores.

É o que faremos, em seguida, por ordem numérica.

1 – *Na hora da recepção da mensagem*

Durante a psicografia da página mediúnica, D. Maria, como que em desdobramento espiritual, presenciou um belo quadro, do qual nos fez, no seu dizer, pálida descrição.

O médium Xavier se encontrava a cerca de 2 metros de altura do solo.

Juninho, vestido com uma camisa de cor azul-clara, de pé, com a mão esquerda apoiada na mesa, ia ditando a mensagem e, de vez em quando, olhava para a mãezinha e sorria.

Atrás de Chico e dele – Juninho –, uma roda de luz e uma entidade espiritual, que tomava a forma de uma santa da Igreja Católica, com a mão esquerda apoiada no ombro do médium de Emmanuel, e a outra estendida para a assistência.

Estrelas lucilavam, emitindo luz de indescritível beleza.

Quando foi lida a mensagem, D. Maria percebeu a avó Bernardina perto do neto querido, como que cumprimentando-o pela oportunidade de comunicar-se com os que ficaram no Plano Terrestre.

2 – *O sobrado de flores*

Local de vegetação luxuriante e de um verde originalíssimo, com as folhagens a exalarem perfume incomparável.

Sala ampla. Uma senhora simpática e alegre, com duas meninas vestidas de branco e com fita branca nos cabelos, arrumando comprida mesa, em cuja extremidade Juninho manuseava uns livros.

Todos retribuíram os cumprimentos da visitante, mas continuaram trabalhando.

De ampla janela do sobrado, vislumbrava-se um pomar todo florido e perfumado, sobre o qual Victoi Júnior dava à genitora explicações assaz convincentes.

3 – *Lá o dia estava muito claro*

"Às quatro horas da tarde, eu estava muito aflita, com saudades, tristeza, chorando, com um nó na garganta que quase me levava ao desespero.

Encostei a cabeça no travesseiro, tentando esquecer tudo o que aconteceu desde que o meu filho retornou ao Mundo Espiritual.

Vi o Juninho no alto de um belo jardim, de um verde que não existe outro igual na Terra. Lá o dia estava muito claro.

Juninho ia andando, olhava para trás e sorria. Andava mais um pouco, olhava e sorria.

Voltei a mim como que de um desmaio, alegre por compreender a beleza do mundo em que o meu filho passara a viver."

4 – *Abraçando o irmão Neto*

"Certa ocasião, Juninho e Neto tiveram uma pequena discussão.

Passou o tempo, e Juninho desencarnou.

Em sonho, Neto e eu fomos visitá-lo em bela casa de alpendre amplo, onde nos sentamos ao seu lado.

Juninho se levantou e, dirigindo-se ao Neto com semblante amorável, disse-lhe:

— Neto, quero abraçá-lo e lhe pedir perdão pelo nosso desentendimento.

E abraçou o irmão com muito amor."

5 — Nos demais episódios oníricos ou de experiência fora do corpo físico, em número de dezesseis, D. Maria verificou que o seu filho vem trabalhando no socorro a crianças, jovens e adultos mais necessitados, sempre com outros mensageiros da Espiritualidade Maior, servindo-se de uma espécie de carro transparente, que se locomove no ar, sem um encarregado da pilotagem; que ele — Juninho — vem se destacando nas tarefas que abraçou, em nome de Jesus, com muito mérito no estudo e no trabalho; que o vê em companhia dos familiares citados na mensagem; que nove dias após a sua desencarnação, quando em casa, orava, na hora do *Angelus,* viu-o entrar sorrindo, "com aqueles cabelos bonitos", contagiando-a

com alegria celeste; que, finalmente, "em sonho, eu fui ao lugar em que o Juninho estava morando. Era uma sala grande, parecia uma biblioteca, mas não entendi bem como era o trabalho dele.

Eu lhe disse:

— Juninho, eu vim buscar você. Os seus irmãos estão todos reunidos, à sua espera, e você virá comigo.

Ele me respondeu:

— Mãe, eu não posso ir! Eu não morri! Estou vivo, mas não posso voltar!

Eu insisti:

— Sei que está vivo, mas vamos embora!

Percebendo que eu não me conformava com a realidade da aparente separação, ele me explicou com mais clareza e, como sempre, num tom amoroso e afável:

— Mãe, se eu voltasse para viver lá, agora, eu não seria mais seu filho, nem me chamaria Júnior. Teria outros pais e outro nome. Não pense, Mãe, que eu morri! EU ESTOU VIVO!"

*

Ao pronunciar essas últimas palavras, enternecida, com os olhos brilhando de jubilosa emoção, D. Maria nos perguntou:

— Meu caro amigo, acha o senhor que, depois de tantas provas de sobrevivência do meu filho após a morte, eu precisarei ficar ainda chorando de angústia? Para que se ele sempre está perto de mim, consolando-me e me alegrando, dando-me forças para continuar vivendo?

Guardando respeitoso silêncio, restou-nos apenas balbuciar, mentalmente:

— Ave, Allan Kardec! Todos nós que palmilhamos os caminhos da Eternidade o saudamos e glorificamos para sempre!

2

Promoção em trabalho e conhecimento

Querida mamãe Flora, tudo é tão novo, que estou aqui na sensação estranha de quem ignora como se exprimir, embora no desejo incontido de dizer muito ao seu coração.

Agradeço-lhe a lembrança de vir.

A falta que se sente, onde estou, é um ímã atraindo-nos para a retaguarda, especialmente a falta de sua presença e de seu carinho incansável.

Desde muito, peço ao vovô Revalino, que me acolheu paternalmente, que me trouxesse à sua presença a fim de agradecer a paz que a senhora e o papai me proporcionaram, desistindo de qualquer processo que me recordasse condenando alguém.

Afinal, os desastres de carros e motos acontecem com muita gente. E, sinceramente, não creio que essa ou aquela pessoa provoque acidentes usando a própria vontade.

A certeza que lhe dou de que aquele era meu dia é que a criança ficou, e tive de viajar para meu novo modo de ser.

Tudo estava na medida certa; no começo, a gente reclama, indaga o porquê, pretende apontar faltas alheias e caça desculpas; no entanto, a chamada para a vida diferente que vim a conhecer na Espiritualidade chega a ser uma intimação do Invisível.

As atitudes no lar, desconhecendo voluntariamente qualquer culpa e desprezando certas sugestões de amigos menos conscientes da realidade, proporcionaram-me verdadeiras bênçãos de paz, com as quais alicercei o recomeço por aqui.

Muitos amigos me ampararam no sentido de obter promoção em trabalho e conhecimento, mas o vovô Revalino permanece à frente de todos os benfeitores.

Lembro-me do papai José, da Rosa Helena, da Vera Lúcia, e peço a Deus abençoe a nossa casa com a união e a paz que sempre reinam conosco.

Mãezinha Flora, se minhas notícias podem tranquilizá-la, espero que as minhas letras lhe ofereçam a convicção de que me vejo na melhor forma que me seria possível obter.

Procurei pautar o meu comportamento, onde estou, pelas suas instruções, sustentando-me forte qual se estivesse vivendo uma transferência de colégio para continuar estudando e, desse modo, contendo as lágrimas tão nossas, harmonizei-me com o inevitável e desejo que o mesmo suceda ao seu carinho de Mãe.

Estimaria desenhar uma relação de abraços, mas o seu devotamento fará isso por mim, dizendo aos que nos compartilham da intimidade que a sua filha vai seguindo bem e que não seria uma simples moto sacudida e arremessada por um golpe do caminhão que haveria de distanciar-nos uns dos outros.

Meus agradecimentos a cada um dos que nos entretecem a rede de amizade e reconforto.

E o seu coração receba, nesta carta, o imenso amor e o reconhecimento constante de sua filha, sempre sua companheira na vida e no coração,

Edna Telma
Edna Telma Pena

✼ ✼ ✼

Harmonização com o inevitável

Entrevistamos, pela primeira vez, a senhora mãe de Edna Telma – D. Flora Pena Nogueira, residente em Goiânia –, na tarde de 24 de outubro de 1980, em Uberaba.

Posteriormente, dela recebemos atenciosas cartas e vários telefonemas de seu distinto irmão – o advogado Dr. Alderico Nogueira –, todos nos fornecendo preciosos dados sobre as mensagens psicografadas pelo médium Xavier, dos quais nos serviremos, por itens.

Iniciemos, sem mais delongas, o estudo da mensagem recebida na noite de 27 de junho de 1980, ao final da reunião pública do Grupo Espírita da Prece – "Promoção em trabalho e conhecimento".

Edna Telma Pena, filha do Sr. José Pena Nogueira e de D. Flora Pena Nogueira, nasceu e desencarnou em Goiânia, respectivamente, em 9 de novembro de 1963 e 27 de janeiro de 1978.

Desprendida ao extremo, cursava a 7ª série do Colégio Assis Chateabriand, onde, sempre que surgia a oportunidade, passava os seus lanches e parte de seu material escolar para as colegas mais necessitadas.

Dedicada às crianças, costumava comemorar o seu aniversário natalício numa creche, dando-nos com isso admirável exemplo.

Quando atravessava, com a sua mãezinha, movimentada avenida da Capital de Goiás, na segunda-feira (ela veio a desencarnar na sexta-feira), chegou a dizer à D. Flora, com certa firmeza de voz:

— Mamãe, a senhora é muito distraída. Eu sei que vou morrer debaixo de um carro, mas a senhora, não!

Na verdade, Edna Telma não desencarnou debaixo de um carro, mas foi literalmente amassada por um caminhão, como veremos, dentro em pouco, mais detalhadamente.

*

1 — "Desde muito, peço ao vovô Revalino, que me acolheu paternalmente, que me trouxesse à sua presença a fim de agradecer a paz que a senhora e o papai me proporcionaram, desistindo de qualquer processo que me recordasse condenando alguém." — Depois de nos informar que o Sr. Revalino José Nogueira, avô materno de Edna Telma, desencarnou em Goiânia, a 14 de agosto de 1973, D. Flora, em carta que nos dirigiu, datada de 19 de novembro de 1980, diz-nos o seguinte, depois das considerações iniciais:

"O fim desta é para confirmar os fatos que antecederam a desencarnação de minha querida filha Edna Telma Pena e, ao mesmo tempo, agradecer ao nosso Pai

Celestial a graça que recebi e continuo recebendo – as mensagens de minha filha, por intermédio do nosso querido Chico Xavier, a quem tanto devo.

Edna Telma estava em nossa residência, em Goiânia, no bairro de Campinas, numa quarta-feira, quando me pediu permissão para ir à casa de sua tia Ordália Nogueira Gonçalves. Minha resposta foi negativa, tendo em vista que ela deveria ir ao médico, Dr. José Gomes (ortopedista), para levar o resultado de uma radiografia que havia tirado dias antes.

Mesmo assim, a contragosto, conseguiu o meu consentimento.

Em seguida, fui para Goiânia, tratar de assuntos de meu interesse na Secretaria de Educação, e Edna Telma seguiu para a casa de sua tia Ordália, lá chegando por volta das 15 horas.

Na quinta-feira, Edna Telma passou o dia todo muito feliz, alegre e animada junto de suas primas Geralda Nelis, Sandra e Maria de Fátima.

Na sexta-feira, levantou-se muito cedo, tendo, contente, arrumado a casa.

Edna tinha uma grande afinidade por Maria de Fátima, sua prima, e lhe deu, naquele dia, algumas roupas e uma sandália novas, alegando que não iria mais precisar daquilo.

Sem mais nem menos, Edna Telma resolveu voltar para casa, e, na despedida, Maria de Fátima lhe perguntou:

— Que dia você voltará por aqui? Por que não espera o almoço?

Ao que ela respondeu:

— Nunca!

E acrescentou, ante o susto da prima com semelhante resposta:

— Talvez em março.

No caminho de volta à nossa casa, encontrou-se com o seu tio Mariano Gonçalves, esposo de Ordália, que insistiu com ela para que não fosse embora, tendo recebido a seguinte resposta:

— Não posso ficar, tio, porque tenho de ir ao médico!

Chegando à nossa casa, aproximadamente às 11 horas, foi repousar um pouco.

Neste momento, o garoto Adriano Peixoto, filho de Sebastião Peixoto, convidou Edna para ir, de moto, até a chácara de seu pai, próxima à cidade, buscar encomendas, o que ela aceitou, já que sempre existiu grande amizade entre as duas famílias.

Eu ainda não havia regressado de Goiânia.

Mal sabia Edna Telma que era sua última viagem, ou melhor, seu último passeio aqui na Terra."

Pessoalmente, disse-nos D. Flora:

— que Edna Telma, quando regressava da casa da tia Ordália, passando pela casa de uma senhora que se encontrava acamada, para tomar água, brincara com esta: "qual de nós duas partirá primeiro?

— que o amigo Adriano (10 anos de idade na ocasião do acidente), que guiava a sua *Garelli,* ao trombar com um caminhão de transportes, nada sofreu;

— que a família, com efeito, moveu processo contra o motorista (e o médium Xavier, naturalmente, desconhecia todos esses detalhes), mas D. Flora e o seu irmão Dr. Alderico acharam por bem não prosseguirem no intento, considerando que o motorista, na época, era pai de cinco filhos.

— que o Sr. Revalino José Nogueira, avô materno de Edna Telma, desencarnou em Goiânia, a 14 de agosto de 1973.

2 — "A certeza que lhe dou de que aquele era meu dia é que a criança ficou, e tive de viajar para meu novo modo de ser."

Pormenor importantíssimo que prova a autenticidade mediúnica é este da *criança que ficou.* Quem poderia pensar numa criança dirigindo qualquer moto?

3 — *Intimação do Invisível* — expressão das mais felizes a relembrar-nos de que os Desígnios Superiores regem as

nossas vidas, competindo-nos, enquanto estamos a caminho, trabalhar até o limite das nossas forças, orando e vigiando sempre, identificados com o nosso guia e modelo — Jesus Cristo.

4 — *Rosa Helena:* trata-se da irmã Sra. Rosa Helena Alves Borges, casada com o Sr. Lindomar Alves Borges, na época da entrevista mãe de três filhos.

5 — *Vera Lúcia:* irmã de criação e madrinha de Edna Telma. A seu respeito, eis o que nos disse D. Flora: "Esta foi mais mãe para Edna do que eu, que sempre trabalhava o dia todo".

※※※

Que Jesus, o Divino Mestre, possa continuar abençoando o Espírito de Edna Telma, na Espiritualidade Maior.

São os nossos votos.

3

"Tudo brilha para a nossa esperança"

Queria Mamãe Flora, abençoe-me.

Entendo que a sua bondade espera um testamento em que lhe fale de tudo o que sucede à sua filha, no entanto, as nossas longas expectativas devem permanecer no abraço de feliz aniversário, que lhe trago pela passagem do domingo passado.

Deus lhe cubra o coração e a estrada com estrela de paz e alegria, são os votos de meu coração para o seu.

Felizmente, estou melhor e cada vez mais entusiasmada com a vida.

Tudo brilha para a nossa esperança.

O Vovô Revalino veio comigo, e abraça o tio

Alderico e a tia Olívia, com um beijo em sua fronte de aniversariante querida.

Ele pede que seja dito ao tio Alderico que não existem dificuldades eternas e que o caminho em sua fronte reflete aquilo que carregamos dentro de nós.

A nossa confiança íntima nos fará ver a confiança da Natureza, e a nossa alegria de viver surpreenderá a alegria onde estivermos.

Mamãe querida, minhas orações a Deus pela felicidade de meu pai são constantes.

Muito carinho à Rosa Helena e à Vera Lúcia.

E, envolvendo-a nos meus beijos de reconhecimento, com o meu amor cada vez mais amor por coração querido, sou, como sempre, a sua

Edna Telma

Edna Telma Pena

* * *

Não existem dificuldades eternas

Neste capítulo, analisaremos a mensagem recebida pelo médium Xavier ao final da reunião pública do Grupo Espírita da Prece, na noite de 12 de junho de 1981 – "Tudo brilha para a nossa esperança".

1 – "Entendo que a sua bondade espera um testamento em que lhe fale de tudo o que sucede à sua filha, no entanto, as nossas longas expectativas devem permanecer no abraço de feliz aniversário, que lhe trago pela passagem do domingo passado."

a) *testamento:* Dona Flora Pena Nogueira comentava, na parte externa do Grupo Espírita da Prece, horas antes de receber das mãos abençoadas do médium Chico Xavier as laudas de papel contendo a mensagem de Edna Telma, com as amigas Terezinha Fátima Marra, Maria do Carmo Tano, Maria Lídia Vecchi e D. Aparecida, residentes, respectivamente, em Goiânia-GO, São Caetano do Sul-SP, São Caetano do Sul-SP e Uberaba-MG, que recebia somente "telegramas" de sua filha desencarnada e que gostaria de receber uma mensagem com muitas folhas, ou seja, um *testamento,* como se diz popularmente. Isso, na realidade, não foi possível de acontecer, mas, mencionado na mensagem, trouxe uma prova admirável da perfeita filtragem mediúnica.

b) *Feliz aniversário:* com efeito, a 7 de junho, domingo, D. Flora celebrou mais um natalício, e ninguém, em Uberaba, a não ser a sua filha querida, poderia lembrar-se disso.

2 – *Vovô Revalino; tio Alderico e tia Olívia:* sobre os dois primeiros nomes, confrontemos o item 1 do Capítulo 4, acima. D. Olívia é a esposa do Dr. Alderico Nogueira.

3 – *Aniversariante querida:* realmente, a 12 de junho, na noite da transmissão da mensagem, D. Olívia e Dr. Alderico completavam 37 anos de casados.

4 – "Mãe querida, minhas orações a Deus pela felicidade de meu pai são constantes."

O Sr. José Pena, pai de Edna Telma, havia se submetido a uma cirurgia ocular, recentemente, e dela estava se recuperando.

5 – *Rosa Helena e Vera Lúcia:* consultemos, acima, os itens 4 e 5 do Capítulo 2.

***

"Irmão Elias – diz-nos D. Flora, numa de suas cartas –, você não pode imaginar a alegria que está me proporcionando, por saber que as mensagens de Edna Telma vão sair num de seus próximos livros em organização, mensagens consoladoras, que espero sejam também alentadoras para muitas mães."

A alegria é nossa, D. Flora, e, temos certeza, do médium Xavier e de todos os nossos leitores amigos.

4

"Rogo não me considerem pessoa espancada ou ferida"

Papai Luiz e Mãezinha Dinar, chegou o bendito momento.

Estou aqui sentindo a mesma paz com que saí de aula para encontrar uma provação que não me atingiu.

Quando me vi assustada, diante de pessoas desconhecidas que me falavam palavras que não guardei, senti um sono difícil de explicar.

Sabia que fora arrebatada dos meus e que me via à frente de uma situação cruel, mas aquele torpor seguiu aumentando...

Num certo instante, alguém me assustou e, nesse choque, uma força maior do que a minha me tomou a cabeça e me fez dormir.

Se estava hipnotizada, não sei.

Um sonho tranquilo me invadiu a memória, e rogo não me considerem pessoa espancada ou ferida, porque, se passei por isso, não fiquei sabendo...

Despertei com uma senhora de faces bondosas ao lado de uma jovem que me pareceu professora de grande beleza.

Ainda sob o susto, que era tudo o que me ficara na lembrança, perguntei por você, papai, e indaguei por Mãezinha, querendo abraçá-los, tranquilizando-os, mas a senhora me disse ser a minha avó Sebastiana, e a moça me comunicou chamar-se Maria Inilda...

Em seguida, disseram-me que eu não conseguiria regressar ao lar com o corpo que havia sido meu...

A moça me explicou que eu teria vestimentas melhores e esclareceu que meu corpo estava todo estragado, incapaz de servir-me.

Chorei, recordando a nossa casa.

Onde estavam vocês que não me ouviam?

Onde se achavam o Lau, o Jorge, o Octávio, a Elaine, a Eliane, a Eloísa, pouco a pouco a vovó me explicou a situação.

Pai querido, soube apenas que o seu coração sofria com a atitude de alguém que o ferira...

Soube que o senhor estava junto da Mãezinha Dinar, e isso me proporcionou grande alegria.

Papai, se alguém cometeu algum gesto que o ofendeu, perdoe, como sempre me ensinou a desculpar.

Noto o seu íntimo de homem bom, anuviado por sentimentos semelhantes a nuvens pesadas de que, muitas vezes, vejo se desprenderem lágrimas, lembrando chuva que não chega a clarear o céu.

Papai, se alguém quis me aborrecer, isso não se verificou.

A vovó me diz que apenas ficaram com minha roupa física, mas não comigo, porque a bondade de Deus não permitiu que o mal me alcançasse.

Estaria eu mais tranquila se os visse mais alegres e menos preocupados.

Se algum pensamento de perda ou de angústia estiver demorando em seus raciocínios, lembre-me feliz em nossos passeios.

Recorde-me satisfeita ao tê-lo completamente junto de nós e não permita que tristezas profundas lhe tomem a vida.

Sei que Mãezinha Dinar está mais confortada e espero que nós todos estejamos unidos a Jesus, em nossa fé.

Não entregue suas ideias ao ressentimento.

Papai querido, Jesus nos recomendou esquecer as ofensas, e quem poderia ferir-nos se nos encontramos mais juntos?

Não admita o ódio em sua alma querida, da vida só deve recordar o que foi bom e belo, e, por isso, se algum quadro de aflição estiver em sua memória, por amor a Deus e em nome do nosso carinho, perdoe e esqueça quem haja traçado linhas de trevas em sua imaginação.

Sei que o seu plano deve demorar, porque não é fácil agasalhar muitas crianças de uma só vez, mas pense em nossa casa futura de alegria, em que estarei com você e com Mãezinha, velando pelos meninos mais necessitados de proteção e de amor.

Essas crianças que sofrem, à maneira de flores na ventania, serão nossas.

Uma vida diferente nos sorrirá.

Você imagina que sofri, entretanto eu, que não me recordo de sofrimento algum, peço a você e à mamãe mentalizarmos essas crianças outras, segregadas em recanto de medo e aflição, dentro da noite.

São tantas as que hoje vejo espalhadas em tantos lugares tristes.

Assim como fui auxiliada na transferência para

cá, Deus nos auxiliará para que venhamos a ser abrigo e carinho, refúgio e pão, luz e agasalho para essa imensa fileira de gente miúda que não teve a felicidade de encontrar pais amigos e queridos iguais aos que Deus me deu.

Peço que coloquemos esse quadro dos pequeninos à frente de qualquer recordação que possa ser amarga no coração, e confiemos em Jesus.

Querida Mãezinha Dinar, estou contente ao vê--la mais forte e animada à frente da vida, com os irmãos e com o querido papai.

Receba, querida Mãezinha, muitos beijos da sua filha, que deseja ser sempre uma esperança e uma alegria em nossa união, com a bênção de Deus.

Muito carinho para o papai e para o seu coração de mãe da filhinha que não desapareceu,

Eliete

***

NECESSIDADE DA ERRADICAÇÃO DO ÓDIO

Graças à gentileza do dileto amigo professor Jason de Camargo, do escritor e jornalista Fernando Worm, companheiros de ideal, residentes em Porto Alegre (RS), e do casal Sr. Aguinelo Pereira da Silva — D. Gemma Nardi da Silva, de Uberaba, foi-nos possível obter material para o presente e o próximo capítulo.

Falar sobre a desencarnação da menina Eliete Caetano Grimaldi, ocorrida a 1º de julho de 1980, considerada em circunstâncias trágicas do ponto de vista terrestre e que sensibilizou não somente o Estado do Rio Grande do Sul, particularmente Porto Alegre, mas todo o Brasil, induz-nos à pesquisa em torno do ódio e todas as suas consequências, máxime a *criminalidade*, nas obras de Allan Kardec.

É o que faremos, não obstante de forma bastante sumária.

Antes, porém, transcreveremos a "Ficha Informativa" que a operosidade do professor Jason de Camargo nos forneceu, devidamente preenchida.

I — Dados informativos do parente:

1 — *Nome:* Dinar Caetano Grimaldi.

2 — *Residência:* Porto Alegre, RS.

3 — *Grau de parentesco com o Espírito:* Mãe.

4 — *Já conhecia Chico Xavier pessoalmente?* — Não.

5 — *Como se deu o encontro com Chico Xavier?* — Dei somente o nome seu (de Eliete), do pai e de três irmãos.

6 — *O Chico já conhecia pormenores da família?* — Não.

7 – *Quais os fatos identificativos do Espírito:* a) nome e relação de parentesco ou amizade: Mãe; b) outros fatos: cf dados abaixo.

8 – *A mensagem já foi divulgada?* – Sim. *Por quem?* – Pelos Pais; não por livro.

9 – *Autorizaria sua divulgação?* – Sim.

10 – *Possui grafismos do Espírito quando encarnado (para comparação)?* – Sim.

11 – *Outras considerações:* Falei dois minutos com o Chico, às 15h, e ele recebeu a mensagem às 5h da manhã do dia seguinte.

II – Dados do Espírito (quando encarnado):

1 – *Nome quando encarnado:* Eliete Caetano Grimaldi.

2 – *Data de nascimento:* 8 de agosto de 1973. *Data da desencarnação:* 1º de julho de 1980.

3 – *Data da mensagem:* 12 de setembro de 1980. Desencarnou com 7 anos.

4 – *Quanto tempo da desencarnação até a comunicação mediúnica?* – 2 meses e 11 dias.

5 – *Grau de escolaridade:* 2ª série do 1º Grau;

6 – *Doenças:* nada digno de nota.

7 – *Como desencarnou?* – por homicídio;

8 – *Considerações gerais:* cf. dados abaixo.

Porto Alegre, RS, 24 de outubro de 1980.

(a) *Dinar C. Grimaldi.*

* * *

Isso posto, entremos na análise da mensagem a que demos o título de "Rogo não me considerem pessoa espancada ou ferida".

1 – *Papai Luiz e Mãezinha Dinar:* Sr. Luis Grimaldi e D. Dinar Caetano Grimaldi.

2 – "Estou aqui sentindo a mesma paz com que saí de aula para encontrar uma provação que não me atingiu."

Com efeito, Eliete saía da aula quando foi requisitada ao pagamento de velha dívida cármica, com relativa atenuante espiritual, já que a "provação não me atingiu".

3 – "Num certo instante, alguém me assustou e, nesse choque, uma força maior do que a minha me tomou a cabeça e me fez dormir."

Dissemos, por outras palavras, no item anterior, que o quociente de dívida cármica de Eliete sofrera atenuante, sem dúvida por seu mérito pessoal.

Para comprovar semelhante argumento, analisemos o seguinte trecho da mensagem "Walter, vítima de brutal atentado, regressa do Além...", recebida pelo médium Chico Xavier, nos idos de 1969, um dos capítulos do *Presença de Chico Xavier*[1]:

"O sucedido estava previsto.

Não sei se vocês recordam o aviso que me foi concedido.

Um sonho que não foi sonho.

Devia e resgatei.

O passado chamou e respondi "presente".

Digo-lhes que não foi fácil submeter-me aos braços que me exterminaram o corpo.

A princípio, a dor da reação, o brio ferido e, depois, a revolta, o sofrimento...

Mas, em seguida, o repouso, o olhar que revia muitos dos nossos, inclusive vovó, nosso Antônio Juvenal e tanta gente que me pedia recordasse Jesus.

Jesus era puro e sofreu.

Que restava a mim, espírito endividado, senão regozijar-me com a oportunidade de saldar velhas contas?"

4 – *Minha avó Sebastiana:* trata-se da avó paterna, D. Sebastiana Grimaldi.

5 – *Maria Enilda:* tia materna.

---

[1] Elias Barbosa, *Presença de Chico Xavier*, 2ª edição revista, IDE Editora, Araras, SP, 1979, p. 102.

6 – *O Lau, o Jorge, o Octávio, a Elaine, a Eliane, a Eloísa:* irmãos de Eliete.

7 – "Pai querido, soube apenas que o seu coração sofria com a atitude de alguém que o ferira..."

Tanto esse quanto os trechos subsequentes confirmam o que se encontra na reportagem da pág. 33 do jornal *Zero Hora,* de Porto Alegre, de 8 de outubro de 1980, a respeito do genitor de Eliete.

8 – "A vovó me diz que apenas ficaram com minha roupa física, mas não comigo, porque a bondade de Deus não permitiu que o mal me alcançasse."

Confrontemos o item 3, acima.

9 – "Não entregue suas ideias ao ressentimento. (...) / Não admita o ódio em sua alma querida, (...)."

Efetivamente, à medida que nos esforçamos no sentido de erradicar de nós o ódio milenar, que carregamos de milênios, partícipes que fomos de crimes, aparentemente impunes, em vidas regressas, passamos a nos identificar, em espírito e verdade, com Deus, Nosso Pai de Amor e Misericórdia, e com Jesus, Nosso Guia e Modelo, o próprio Amor de Deus personificado.

Com o ódio, tanto quanto possível erradicado, consciente ou inconscientemente, mesmo expostos às situações de violência, naturais num mundo de provas e expiações qual a Terra, a nossa essência espiritual não será atingida por essas situações, já que a assistência da Vida Mais Alta se nos fará plena, podendo conosco ocorrerem fenômenos ditos paranormais, visando à nossa defesa pessoal e familiar.

10 – "Essas crianças que sofrem, à maneira de flores na ventania, serão nossas."

Belíssima forma de nos lembrar que os chamados *menores carentes* deixarão de sê-lo, em momento oportuno, quando nos dispusemos a seguir o Cristo, compreendendo e por isso mesmo pondo em prática o "Fora da Caridade não há salvação".

5

"Rogue ao papai desculpas para a nossa irmã"

Mãezinha Dinar, Deus nos abençoe e lance a sua bênção de amor sobre a sua Eliete.

Estou aqui e, depois de abraçá-la e abraçar o mano Octávio, pedi permissão para fazê-la, com bondade, intérprete de minha gratidão ao papai Luiz.

Creia que não somente a vovó Sebastiana veio em minha companhia, o vovô Vicente também se propôs a auxiliar-me na petição ao querido papai Luiz.

Mãezinha, o seu carinho não desconhece que Rondônia está longe de Jaguarão, e o papai, refletindo naquelas imensidades de verde e céu, muitas vezes, concentra-se demasiado nos acontecimentos que me trouxeram para a vida espiritual.

E o ressentimento, que não extirpamos de todo do próprio coração, no parecer do vovô Vicente, é assim qual uma infecção que não se erradicou inteiramente da parte do organismo em que se formou, criando recidivas dolorosas.

Papai!... Por que haverá ele de chorar tanto e sofrer como sofre?

Quem de nós estará nesse mundo sem débitos a resgatar?

Peça a ele, Mãezinha, que não se esqueça do bálsamo do perdão, porque de perdão somos todos necessitados.

Se pudesse materializar-me aos olhos dele, para convencê-lo quanto ao que digo, não vacilaria em fazê-lo...

Entretanto, o nosso intercâmbio, agora, é de coração para coração.

Aspiro, ansiosamente, vê-lo plenamente livre de qualquer mágoa.

Nada tenho em meus sentimentos contra ninguém.

E estou aprendendo que tenho irmãos em recantos diferentes de nossa casa.

Irmãos aos quais devo amar e auxiliar como se me faça possível.

Rogue ao papai desculpas para a nossa irmã, qual se estivesse projetando essa luz sobre mim própria.

Não desejo vê-lo memorizando ideias de pagamento, por ofensas que não recebi.

Somos todos de Deus.

E com Deus precisamos viver, de uns para com os outros, na paz de que necessitamos, a fim de sermos felizes.

Sei que o papai Luiz nos ouvirá, desde que ele me possa ouvir com os ouvidos da alma.

Querida Mãezinha Dinar, agradeço o seu carinho e a sua intervenção equilibrada na sustentação da harmonia e das novas esperanças em nossa querida família.

Peço ao Octávio saudar, por mim, os irmãos, e rogo à querida Mana abraçar as irmãs queridas em meu nome.

Querida Mãezinha, o recado está entregue.

Uma filha saudosa e confiante roga ao pai que se afaste, espiritualmente, de qualquer mal, a fim de cultivarmos unicamente o bem.

E perdoe-me se a tomo por mensageira.

Acontece que, muitas vezes, surpreendo o papai

entre as mais estranhas vocações para a tristeza e para o azedume, para o desequilíbrio e até mesmo para a morte.

Às vezes, ele repete de si para consigo:

"— Cobrarei tudo o que sofri, de um por um."

E eu repito, sem que ele me escute:

"— Papai, Deus nos abençoará e nos auxiliará, de um por um."

Mãe, querida, é tudo o que desejava dizer, escrevendo...

Desculpe a sua filha, preocupada, que a beija com o carinho de sempre.

A sua

Eliete.

* * *

BÁLSAMO DO PERDÃO

Sobre a segunda mensagem de Eliete, recebida pelo médium Xavier, ao final da reunião pública do Grupo Espírita da Prece, na noite de 22 de maio de 1981, verdadeiro poema em prosa – "Rogue ao papai desculpas para a nossa irmã" –, pouco temos para acrescentar ao que ficou dito no Capítulo 4, devendo apenas relacionar ligeiros dados aos familiares citados, principalmente ao *vovô Vicente* e às cidades mencionadas na página mediúnica.

Rogamos ao leitor percorrer o Capítulo X de *O Evangelho Segundo o Espiritismo*, de Allan Kardec, principalmente os itens 14 e 15 – "Perdão das Ofensas" –, absolutamente concordes com a mensagem-poema de Eliete.

A fim de que possamos meditar em torno do assunto – a criminalidade à luz do Espiritismo –, transcrevemos, na sequência, a parte inicial da carta que o jurado e médium, Simon S., "homem de grande saber e portador de títulos científicos oficiais", enviou ao Codificador do Espiritismo[1]:

"Senhor,

"Talvez julgueis acertado agasalhar na vossa interessante revista o fato que se segue.

"Há algum tempo, eu era jurado. O tribunal devia julgar um moço, apenas saído da adolescência, acusado de ter assassinado uma senhora idosa em circunstâncias horríveis. O acusado confessava e contava os detalhes do crime com uma impassibilidade e um cinismo que faziam fremir a assembleia.

Entretanto, é fácil prever que se requeresse, em seu favor, devido à sua idade, sua absoluta falta de educação e

---
[1] Allan Kardec, *Revista Espírita – Jornal de Estudos Psicológicos*, Segundo Ano – 1869, EDICEL, São Paulo, 1864, pp. 334-335.

às excitações que havia recebido em família, circunstâncias atenuantes, tanto mais quanto ele repelia a cólera que o tinha feito agir contra uma provocação por injúrias.

"Eu quis consultar a vítima a respeito do grau de sua culpabilidade. Chamei-a durante uma sessão, por uma evocação mental. Ela me fez saber que estava presente e eu lhe abandonei a minha própria mão. Eis a conversação que tivemos:

— Que pensa do seu assassino?

— Não serei eu quem o acusará.

— Por quê?

— Porque ele foi impulsionado ao crime por um homem que me fez a corte há cinquenta anos e que, nada tendo conseguido de mim, jurou vingar-se. Conservou na morte o desejo de vingança. E aproveitou as disposições do acusado para lhe inspirar o desejo de me matar.

— Como sabe?

— Porque ele mesmo o disse, quando cheguei a este mundo que hoje habito.

— Compreendo sua reserva diante da excitação que o seu assassino não repeliu como devia e podia. Mas a senhora não pensa que a inspiração criminosa, à qual ele obedeceu de tão boa vontade, não teria sobre ele o mesmo poder se ele não tivesse nutrido ou entretido, durante muito tempo, sentimentos de inveja, de ódio e de vingança contra a senhora e a sua família?

— Seguramente. Sem isto, ele teria sido mais capaz de resistir. Eis por que digo que aquele que quis se vingar aproveitou as disposições desse moço. O senhor compreende bem que o outro não se teria dirigido a alguém que tivesse tido vontade de resistir.

— Ele goza a sua vingança?

— Não; pois vê que esta lhe custará caro; além disso, em lugar de me fazer mal, fez-me um bem, fazendo-me entrar mais cedo no mundo dos Espíritos, onde sou mais feliz. É, pois, uma ação má sem proveito para ele.

"Circunstâncias atenuantes foram admitidas pelo júri, baseadas nos motivos acima indicados, com o que foi afastada a pena de morte."

6

"Apaguem, por favor, quaisquer sinais de acusação contra alguém"

Querida Mãezinha, Deus nos proteja.

É uma sensação estranha a que sinto, endereçar--lhe uma carta em que procure tranquilizá-la.

Para mim, creia, não é fácil, mas o vovô Ruben e a vovó Brasilina me auxiliam a pensar mais depressa para não escrever devagar.

Mãezinha, desejo pacificar o seu espírito, ainda alquebrado, ante o que nos sucedeu naquele sábado, à frente da Fernão Dias, no rumo de Atibaia.

Foi tudo tão rápido que, hoje, rearticulando as minhas lembranças, fico imaginando que a morte física, no caso de sua filha, teve o aspecto de uma execução.

Com isto, não estou de modo algum menoscabando os desígnios da Vida Superior.

Quero somente fixar em nossa memória a convicção de que estamos sob a direção de Deus, ainda que tenhamos a ideia de que nos achamos numa diretriz propriamente nossa.

Posso afirmar-lhe que não senti qualquer dor no choque que me pareceu imobilizar a memória.

Sem querer, entrei numa espécie de sono compulsivo, de que não pude escapar.

Sonhava com a realidade para depois reconhecer que a realidade não era sonho.

Sentia-lhe o corpo ferido em meu corpo diferente e as dificuldades de meu pai Máximo, a fim de se desvencilhar das dores que adquirira.

Pensava em Marcelo e tudo se me afirmava dentro de uma nebulosa, cuja duração ignoro como precisar.

Quando tomei posse de mim mesma, notei que alguém me despertava para o conhecimento da nova situação.

Era a vovó Brasilina a preparar-me.

Para ser franca, os meus dias de hospital não foram menores que os seus, e os meus constrangimentos, para retomar o próprio equilíbrio, segundo admito, *foram semelhantes aos incômodos de que meus pais queridos se viram objeto.*

Mãezinha, se lhes posso pedir algo além do muito com que sempre me enriqueceram a existência, rogo que vivam satisfeitos e tranquilos.

Não somente o nosso Marcelo necessita de sua presença e da presença de meu pai, são muitos os corações que contam com ambos para viverem com a paz que lhes é necessária.

Encerrem qualquer traço da ocorrência capaz de incriminar alguém.

Se lhes posso pedir essa bênção, rogo que me vejam no lugar de quem ficou sob os entraves da culpa de emergência e que apaguem, por favor, quaisquer sinais de acusação contra alguém.

Não sei que rumo tomaram as providências no trânsito, mas estou VIVA e conto com a tolerância dos meus pais queridos para qualquer tipo de processo em que essa ou aquela pessoa esteja sob preocupações inúteis por minha causa.

Sei que não seriam capazes de acusar a ninguém, mas insisto em minha solicitação, porquanto essas tomadas de conta em Foros e Gabinetes machucam o coração de quem, como eu, nada tem a reclamar.

Vovó Brasilina e meus avós Ruben e Máximo me

auxiliam em todos os meus apuros na adaptação à vida nova.

Agradeço tudo o que fizeram no auxílio aos outros companheiros de estrada, porque a paz que doarem a esses amigos é tranquilidade com que me enriquecem o coração.

Não posso escrever mais.

Mãezinha querida, abrace por mim o papai e o Marcelo, e diga-lhes que estou bem.

Sei que vou me habilitar aqui em várias funções de auxílio e para isso me esforçarei.

Por enquanto, sinto-me na posição de uma peça em conserto na oficina dos reajustes espirituais.

Por enquanto, a recordação do fevereiro que se foi é uma ferida que se abriu em nosso pensamento, mas Deus concederá os recursos indispensáveis ao nosso reajuste perante a vida.

Mãezinha, retome as suas atividades e esteja certa de que seguimos juntas.

A marcha na Terra pede uma sucessão de veículos que, em verdade, por agora não sabemos avaliar.

Do carro a motor saí às pressas a fim de recuperar o veículo do corpo físico, e desse mesmo carro tive de sair com urgência para continuar a viagem por aqui, trabalhando e procurando melhorar-me para melhor servir.

Recordemos nosso Marcelo, e as outras Fátimas, que são também minhas irmãs e igualmente suas filhas.

Mãezinha, às vezes, o pranto vem como nascente do coração para os olhos, e a pessoa chora efetivamente, com as lágrimas nas dimensões do sofrimento que nos atinge, mas há consolações ocultas que nos reanimam.

A Lei Divina preceitua que ninguém deve ser abandonado, e por este motivo rogo-lhe calma e coragem.

Querida Mãezinha, peço ao seu coração amigo, como rogo ao meu pai, que não culpem a ninguém.

Podíamos ter sido nós os companheiros infelizes que se precipitaram sobre nós.

Nada tenho ainda de BOM para oferecer-lhe, mas, com o tempo, alcançarei a segurança de que necessito, de modo a lhes ser útil.

Querida Mãezinha, abençoe a sua filha e receba um beijo iluminado de lágrimas e prece de alegria, da sua filha reconhecida que continua a trazê-la por dentro do coração,

Fátima

Fátima Solange Assis Campos

✳ ✳ ✳

Calma e coragem

Das oito mensagens – cinco delas, praticamente bilhetes – que o Espírito de Fátima Solange de Assis Campos transmitiu, por intermédio de Chico Xavier, aos pais, por motivo de espaço, selecionamos apenas duas – a primeira e a sétima, recebidas, respectivamente a 15 de dezembro de 1978 e 17 de abril de 1981 – para este volume.

Ante o sumário de nossa Autora Espiritual, transcrevamos os principais tópicos da seguinte carta, que recebemos de sua genitora:

"São Paulo, 2 de maio de 1980.

Prezado Dr. Elias Barbosa,

Muita saúde e paz em seu lar.

Recentemente, tomei conhecimento, pelo Dr. Hércio Marcos Cintra Arantes, que o nosso estimado Chico Xavier lhe comunicou que a mensagem de minha amada filha Fátima Solange será incorporada em um livro organizado pelo senhor. Fiquei muito feliz.

O Dr. Hércio já havia recolhido os dados da mensagem e me avisou que lhe enviará todo o material, inclusive o xerox de cada página original da referida mensagem, e a foto de Fátima Solange.

Envio-lhe também, em anexo, um exemplar da *Folha Espírita,* que possui mais dados sobre minha filha.

Se o senhor precisar de mim para mais alguns detalhes, é só escrever-me.

Submeti-me a cinco cirurgias no braço, em consequência do acidente que nos vitimou, levando nossa filha para o Plano Espiritual. Por isso, estou lhe escrevendo a máquina. Continuo com gesso no braço direito. Peço-lhe desculpas pelos erros, uma vez que escrevo apenas com um dedo da mão esquerda.

(...)

Se pudesse, ficaria escrevendo sobre minha filha a noite toda, mas sei que o senhor tem muitos afazeres.

Não se esqueça de me avisar, por gentileza, quando o livro sair.

Deus lhe pague por tudo, e que nosso Pai Poderoso dê muita saúde ao senhor e aos seus familiares, abençoando também o nosso querido Chico Xavier, pois, através dessas mensagens mediúnicas, nesses maravilhosos livros, é que consegui chegar até Uberaba e ter a felicidade de receber as mensagens de minha amada filha Fátima Solange.

Mais uma vez, Dr. Elias, desculpe-me, mas estou muito feliz e orgulhosa de saber que a mensagem de Fátima vai sair em um livro para poder consolar tantas mãezinhas que viram seus filhos partirem para a Espiritualidade. Em todos esses livros, notei que existem mais mensagens de rapazes do que de moças; como eu tinha perdido[1] uma filha, procurava os capítulos assinados por moças, mas, coisa curiosa, mesmo lendo as páginas dos moços, parecia que eram de minha filha para mim.

Fátima partiu na idade mais linda de uma jovem – faltavam cinco meses para completar quinze anos.

Sei que existem muitas mães que viram seus filhos partirem, e todas elas estão vibrando para ver a Fátima em um livro, dando suas mensagens de amor e esperança.

Estou começando a ser feliz novamente, pois sei que minha filha é feliz no Mundo Maior, e isso me conforta muito. Tenho a missão de continuar criando o filho que Deus me deixou na Terra – Marcelo –, hoje com 13 anos de idade, e muito querido e sempre lembrado pela nossa amada Fátima.

Se o senhor se encontrar com o querido Chico, agradeça-lhe por mim, e queira dizer-lhe que estou orando muito pela saúde dele.

Fraternalmente,

(a) *Maria José F. de Assis Campos*"

* * *

Sumário biográfico: Fátima Solange nasceu em São Paulo, Capital, no dia 1º de julho de 1963, e desencar-

---

[1] Aparentemente. *(E.B)*

nou a 4 de fevereiro de 1978, quando a família (seus pais, ela e Marcelo, seu irmão, na época com 11 anos de idade) se dirigia para Atibaia, Estado de São Paulo, num sábado de Carnaval, no início da Rodovia Fernão Dias, perto de Guarulhos (SP)."Foi um acidente de automóvel, ocorrido quando um Gálaxie atravessou a pista e se precipitou sobre nós", segundo sua mãezinha.

O casal foi hospitalizado; Marcelo foi o único que não se machucou, e Fátima Solange chegou já sem vida ao Hospital.

Fátima foi sempre motivo de alegria para os pais, Sr. Máximo de Assis Campos Netto e Sra. Maria José Falleiros de Assis Campos.

No ano em que desencarnou, iria ela iniciar o seu curso na 8ª série do 1º grau, e era uma menina muito inteligente e querida por todos.

Conta-nos sua genitora que ela estudou, desde o Jardim da Infância até a 6ª Série, no Colégio Stella Maris, de Irmãs, e depois se transferiu para o Colégio Estadual de 1º Grau Godofredo Furtado.

Segundo nos informa Paulo Rossi Severino[1], Fátima pretendia ser médica – pediatra. Gostava de natação, bailes, decoração, pintura e tocava violão.

---

[1] Paulo Rossi Severino, "Fátima escreve do Além: Pede à Mãe que a abençoe e manda um beijo iluminado de lágrimas", *Folha Espírita,* São Paulo, julho de 1979, Ano VI, nº 64.

Sempre foi amorosa, mas, uns três meses antes da desencarnação, parecia inquieta, muito agitada, com atitudes repentinas, que foram se transformando numa tristeza enorme dentro de seu íntimo.

Finalmente, num dia de bulício carnavalesco, veio a defrontar-se com a morte do corpo físico que, a seu ver, "teve o aspecto de uma execução".

* * *

Estudo comprobatório da mensagem de Fátima, descrita anteriormente.

1 — *Vovô Ruben:* trata-se do Sr. Ruben Lavoisier, avô materno de Fátima, desencarnado a 19 de junho de 1973.

Um detalhe importante dado por D. Maria José: o Sr. Ruben era espírita.

2 — *Vovó Brasilina:* Sra. Brasilina Bernardo Arenzano, bisavó materna, desencarnada a 7 de maio de 1968.

3 — "Sonhava com a realidade para depois reconhecer que a realidade não era sonho."

Passo digno de um altíssimo poeta, residente na Espiritualidade Superior.

4 — "Sentia-lhe o corpo ferido em meu corpo diferente e as dificuldades de meu pai Máximo, a fim de se desvencilhar das dores que adquirira."

Os pais de Fátima ficaram, realmente, muito feridos; D. Maria sofreu várias fraturas, uma séria no braço, como vimos acima, que foi motivo de várias intervenções cirúrgicas, e o Sr. Máximo sofreu perfuração de pulmão, deslocamento do fêmur, fraturas no braço, e gritou muito, segundo conseguimos apurar.

5 – "Mãezinha, retome as suas atividades e esteja certa de que seguimos juntas."

Conforme nos informou D. Maria José, depois da desencarnação de Fátima, ela só ia ao Hospital das Clínicas, para o seu tratamento ortopédico, e ao cemitério.

Antes, visitava amigos, frequentava o Clube com os filhos, fazia crochê, tricô e bordados.

6 – "Mãezinha, às vezes, o pranto vem como nascente do coração para os olhos e a pessoa chora efetivamente com as lágrimas nas dimensões do sofrimento que nos atinge, mas há consolações ocultas que nos reanimam."

Sua genitora nos contou que, diversas vezes, desesperada, pegava a foto da filha e pedia, em pensamento, ajuda, tentando obter, de alguma forma, consolação, que chegou, afinal, com a primeira mensagem e as demais que vieram, posteriormente. Para a sua felicidade.

7 – "Querida Mãezinha, peço ao seu coração amigo, como rogo ao meu pai, que não culpem a ninguém."

Apesar da grande mágoa da família, D. Maria José, na

época da entrevista concedida ao nosso confrade Dr. Hércio Arantes, disse que pretendia atender ao apelo da jovem desencarnada, não recorrendo a advogados.

Para Fátima Solange, o assunto era muito importante, porque, nos cinco parágrafos seguintes, volta ela, de modo bastante claro, a bater na mesma tecla.

8 – "Vovó Brasilina e meus avós Ruben e Máximo me auxiliam em todos os meus apuros na adaptação à vida nova."

Sobre o Sr. Ruben e D. Brasilina, consultemos, respectivamente, os itens 1 e 2, acima.

Quanto ao vovô Máximo, trata-se do Sr. Máximo de Assis Campos, avô paterno, desencarnado em 1928.

***

Para concluir este já extenso capítulo, transcrevemos os quatro recados que vieram por intermédio do lápis do médium Xavier, nas seguintes datas: 8/9/78, 13/10/79 e 16/2/79, todos com os seguintes dizeres na parte superior da lauda de papel: "Maria José de Assis Campos – 36 anos – *Presente* – Pede notícias de sua filha desencarnada: Fátima Solange de Assis Campos – Faleceu: 4/2/78."

Importante considerar que: a) por ocasião da terceira visita ao Grupo Espírita da Prece, em Uberaba, a família de Fátima Solange, em vez de um recado, recebeu dela a tão esperada mensagem, na noite de 15 de dezembro de 1978; b) nos dois últimos recados, na frente do nome de D. Maria José de Assis Campos, estava escrito: 37 anos.

Eis os recados, que promanaram da Vida maior:

> "Jesus nos abençoe.
>
> A filha querida se encontra sob a assistência de abnegados Benfeitores da Vida Maior em seu necessário refazimento de forças.
>
> Confiemos no amparo de Jesus, hoje e sempre."

*

> "Filha, Jesus nos abençoe.
>
> A filha querida foi recebida pelo avô Ruben, que se encontra presente, pedindo-lhe tranquilidade e fé viva em Deus, na travessia das provas redentoras da Terra.
>
> Confiemos no amparo de Jesus, hoje e sempre."

*

> "Filha, Jesus nos abençoe.
>
> A filha querida está presente e agradece o carinho de suas lembranças, prometendo escrever logo que surja uma oportunidade mais favorável à expansão de seus sentimentos filiais.
>
> Confiemos no amparo de Jesus, hoje e sempre."

*

"Filha, Jesus nos abençoe.

A querida filhinha está presente e lhe comunica ao carinho maternal que vem trabalhando carinhosamente em favor de seu fortalecimento e em auxílio aos familiares queridos outros que lhe vivem na lembrança e no coração.

Confiemos no amparo de Jesus, hoje e sempre."

7

"Não se deixe abater pela tristeza ou pela inconformação"

Queria Mãezinha e querido Papai Máximo, eu sei que vieram até aqui sequiosos de reencontro.

E trouxeram o nosso Marcelo e o nosso André, corações queridos que Deus nos concedeu para a jornada do dia a dia.

Pais queridos, desejo esclarecer que ainda não pude me habituar com a ideia de descanso.

Venho até aqui com a vovó Sergina e com a vovó Brasilina, que se converteram em minhas abençoadas protetoras na adaptação a que me vejo compelida para acolher a vida espiritual na condição de experiência continuada, de modo a prosseguirmos com os nossos aprendizados do Plano Físico.

Sei que os entes amados choram por nós e que,

algumas vezes, imobilizam-se na saudade, o que realmente não desejo nos aconteça.

Felizmente, a Mamãe, depois das várias intervenções, vai chegando ao momento do reajuste total, e peço-lhes consolação e refazimento.

Pai querido, peço-lhe!

Não se deixe abater pela tristeza ou pela inconformação.

Em todo este tempo, no qual dou a ideia de uma filha ausente, ocupo-me em colaborar com os nossos benfeitores para que os pais queridos se refaçam.

Sabemos que os médicos do mundo são nossos benfeitores sem serem nossos enfermeiros.

A assistência na restauração de ambos, após o incidente de que extraímos tantos ensinamentos, tem estado quase que sob a minha responsabilidade integral, e rendo graças a Deus, porque o processo de renovação obteve o êxito justo.

Em qualquer dificuldade, lembre-se de que estou Viva, a fim de servi-los alegremente.

Rogo-lhes não se fixarem nas imagens derradeiras do corpo que deixei aí, à maneira de vestimenta estragada.

Isso me assusta, além de complicar-me no serviço que estou realizando.

Ainda mesmo ao nosso Marcelo, faço a mesma solicitação, porquanto esquecer essas fases tumultuosas da desencarnação é favorecer a criação de Vida Nova em nós mesmos.

Tomo-lhes as parcelas de tempo, unicamente, para solicitar-lhes a desvinculação dos quadros tristes em que me vi.

Recordem-me estudando, conversando com alegria e preservando as minhas ocasiões de aprender, e me farão o mais belo brinde com que, talvez, desejassem marcar esta hora.

Mãezinha, o nosso André Luiz é um amigo que voltou, mas não se trata da irmãzinha em nova moldura.

E peço a Jesus possa ele ser para nós todos, em casa, um verdadeiro amigo.

O Senhor nos auxiliará para que assim seja.

Agora, despeço-me, cumprimentando a Mãezinha pelas melhoras positivas com que se vai reencontrando para servir cada vez mais, deixo a meu pai e aos meus irmãos o coração reconhecido.

Mãezinha, receba muitos beijos da filha sempre reconhecida,

Fátima Solange
Fátima Solange de Assis Campos

✳ ✳ ✳

Reencarnação e Vida

A respeito da mensagem de Fátima Solange de Assis Campos — "Não se deixe abater pela tristeza ou pela inconformação" —, a sétima psicografada pelo médium Xavier, ao final da reunião pública do Grupo Espírita da Prece, na noite de 14 de abril de 1981, pretendíamos transcrever, na íntegra, uma carta de D. Maria José F. de Assis Campos, datada de 31 de julho de 1982, que nos chegou às mãos a 10 de agosto, complementando dados que nos forneceu em rápida entrevista que lhe fizemos, em Uberaba, na noite de 2 de julho, entretanto, optamos pelo estudo através dos itens, na certeza de que facilitará — e muito! — a compreensão da belíssima página mediúnica.

E é o que faremos, em seguida.

***

1 — "Querida Mãezinha e querido Papai Máximo, eu sei que vieram até aqui sequiosos de reencontro. / E trouxeram o nosso Marcelo e o nosso André, corações queridos que Deus nos concedeu para a jornada do dia a dia."

Eis o que nos disse D. Maria José, na carta acima citada:

"Logo que cheguei ao lado do Chico, ele me disse que a Fátima estava presente e lhe dizia que o pai e os irmãos estavam em Uberaba. Meu marido e meu filho estavam no hotel, e eu e o André Luiz conseguimos entrar.

Aí está mais uma prova do Mundo Espiritual, pois o Chico não sabia da presença de meu esposo e filhos, uma vez que sempre vou sozinha àquela hospitaleira cidade triangulina."

2 – *Vovó Sergina:* Sra. Sergina, bisavó paterna de Fátima, desencarnada em maio de 1962.

3 – *Vovó Brasilina:* consultemos o item 2 do Cap. 6, acima.

4 – "Felizmente, a Mamãe, depois das várias intervenções, vai chegando ao momento do reajuste total, e peço-lhes consolação e refazimento."

Essas "várias intervenções" a que Fátima se refere, foram as tantas cirurgias no braço que D. Maria José teve que suportar, problema causado pelo acidente.

Nas mensagens anteriores a esta, Fátima também escreve na expectativa de ver a mãezinha restaurada.

5 – "Em todo este tempo, no qual dou a ideia de uma filha ausente, ocupo-me em colaborar com os nossos benfeitores para que os pais queridos se refaçam."

Sua genitora nos lembra de que, na primeira mensagem, Fátima Solange diz que nada tem ainda de bom para oferecer-lhes, mas que, com o tempo, ela alcançaria a segurança necessária de modo a ser útil aos pais queridos, e nesta 7ª mensagem, ela escreve dizendo que já está ajudando-os, e que, em qualquer dificuldade, possam lembrar-se de que ela está viva para servi-los, alegremente.

6 – "Rogo-lhes não se fixarem nas imagens derradeiras do corpo que deixei aí, à maneira de vestimenta estragada."

D. Maria José e seu esposo não viram a filha morta, já que estavam hospitalizados, e só mais tarde é que souberam de sua desencarnação, porém Marcelo a viu.

Sua mãe nos conta:

"O importante é que eu estava imaginando muito o seu corpo estragado, pois uma amiga havia feito exumação de sua filha e me disse que nada restara dela, e isso me impressionou muito, e fiquei imaginando como estava a minha filha, e ela captou meu pensamento e me mandou o recado por intermédio do Chico."

7 – "Mãezinha, o nosso André Luiz é um amigo que voltou, mas não se trata da irmãzinha em nova moldura.

D. Maria José chegou a pensar e até a comentar com seu esposo, Sr. Máximo, e com alguns amigos, que o André talvez fosse a reencarnação de uma filha sua – Débora –, que viveu na Terra somente nove dias.

Nesta mensagem, Fátima Solange vem desfazer esta dúvida de sua querida mãe, explicando que André Luiz é um amigo em retorno.

Eis um assunto importantíssimo, em boa hora ventilado pelo Espírito comunicante, sobre o qual pedimos vênia ao leitor para tecer alguns comentários.

Em muitas situações, os pais, contrariando os princípios doutrinários do Espiritismo, à cata de informações sobre quem seria o Espírito programado para reencarnar em sua casa, ouvem de médiuns poucos escrupulosos, que se deixam envolver por Espíritos enganadores, relatórios disparatados, que perturbarão, sem dúvida e gravemente, a educação da entidade reencarnante.

O próprio médium Xavier, já nos idos de 1959, quando se transferiu para Uberaba, contou-nos a respeito de um rapaz que fora criado como se fosse um Espírito de parente querido reencarnado, dentro da maior liberalidade, e que se transformou, a partir da adolescência, em verdadeira personalidade psicopática, dando mostra de ser Espírito pouco evoluído moralmente, e perseguido por maltas de obsessores cruéis.

De outras vezes, fazem-se revelações de que uma determinada avó irá nascer na casa de um neto ou bisneto. Com o correr do tempo, sem receber, de vez e quando, necessárias advertências com amor, transforma-se em criatura antipática, digna de lástima sob todos os aspectos.

Casos semelhantes ao citado por Fátima Solange existem às dezenas, e isso, por certo, não proporciona qualquer ajuda à criatura que retorna à arena física, para a grande caminhada em direção à Vida Mais alta.

De uma coisa precisamos estar convictos: Espírito de Luz não costuma fazer revelações dessa natureza.

Quando isso ocorre, das duas uma: ou se trata de Espírito obsessor, ou de Espírito familiar, com evolução espiritual semelhante ou inferior à nossa.

Jamais busquemos saber quem foram nossos filhos.

Afinal de contas, o esquecimento do passado é uma bênção de Deus, como nos demonstrou, a contento, Allan Kardec.

※※※

Ante tantas evidências sobre a imortalidade, roguemos a Jesus abençoe o Espírito de Fátima Solange, para que ela prossiga na Seara do Bem, hoje e sempre.

8

"Já estou começando a reviver"

Querida Ondina.

Minha boa filha.

Deus nos abençoe.

Estou com a Mãe Beatriz e alguns amigos, entre os quais o Carísio e o Joaquim Barbosa, para pedir a você e ao Urbano dizerem à nossa querida Emília que estou melhor.

O desgaste do corpo foi muito demorado, mas já estou começando a reviver.

Vi o Silvano a me avisar que seguiria viagem no domingo, mas fui proibido de falar no assunto para não assustar sua mãe.

Abraço o Nefe e os amigos todos.

Agradeço as lembranças e preces com que me auxiliam tanto.

Não posso escrever mais.

Recebam, com a Emília, com o João, o Ismael, todos os filhos e filhas, o abraço do Papai agradecido

João dos Santos Moutinho

* * *

MEDIUNIDADE NÃO DÁ PRIVILÉGIO A NINGUÉM

Antes de estudar a mensagem, na realidade um bilhete, do Espírito do Sr. João dos Santos Moutinho – "Já estou começando a reviver" –, recebida pelo médium Xavier, no Grupo Espírita da Prece, ao final da reunião pública da noite de 22 de maio de 1982, transcrevemos parte da excelente síntese biográfica que *Reformador,* de janeiro de 1982, publicou, estampando-lhe a foto, sob o título "João dos Santos Moutinho – sua desencarnação":

"Vindo para o Brasil em 1912, residiu algum tempo no Rio de Janeiro, onde se consorciou, em 1917, com D. Emília Marques Moutinho, ainda encarnada[1]. O casal teve nove filhos, entre eles o Sr. João de Jesus Moutinho, Diretor da FEB.

---

[1] A 26 de maio de 1982, D. Emília veio a desencarnar, em Araguari, Minas Gerais, quatro dias após o recebimento da mensagem aqui apresentada. *(E.B.)*

Em 1925, tendo sido admitido como empregado da antiga Estrada de Ferro Goiás, com sede em Araguari, no interior, transferiu-se para esta cidade, onde deveria, obedecendo à programação espiritual, realizar toda a sua tarefa mediúnica, nesta existência. Nessa ocasião, sob a orientação dos Espíritos Vicente de Paulo e Eurípedes Barsanulfo, iniciou um período fecundo de estudo das obras de Kardec, adquiridas diretamente da FEB. Juntou-se, a seguir, a alguns companheiros dedicados à Doutrina para fundarem o Centro Espírita Caridade, onde militou por cerca de cinquenta anos e, mais tarde, também nos Centros Jardim de Luz e Caminho da Luz, bem como o Educandário Espírita de Araguari. Os Centros Espíritas, então, funcionavam ali como se constituíssem uma só unidade, dividida em várias seções, tal era o ideal, o sentimento e a motivação de todos.

(...)

Com o passar dos anos, os companheiros de sua geração regressaram todos à Espiritualidade, deles passando a dar notícias e a ser também o porta-voz.

Tornou-se conhecido de todos – espíritas ou não – pelo trabalho, respeito e dedicação à Doutrina e aos dons mediúnicos de que fora portador. Médium psicofônico, vidente, auditivo, curador, dedicou sua vida ao trabalho conscientizado, sabendo, como poucos, honrar os talentos que o Senhor lhe confiou, tornando-se credor de outras tarefas que o porvir venha a lhe enviar. Sua existência foi, sem dúvida, exemplo vivo de trabalho e retidão.

Sabe-se que, presentes ao desenlace, assistiram-no muitos Espíritos elevados, e que um punhado de companheiros vieram esperá-lo, com muita alegria, no pórtico da Espiritualidade.

Seu sepultamento verificou-se no dia 23/11/1981, às 10 horas, num ambiente de muita serenidade, tendo-se ouvido, na ocasião, diversas mensagens de carinho a ele dedicadas por inúmeros companheiros e amigos.

Rendemos também nossa singela homenagem, rogando ao Mestre que o abençoe e ampare em seus novos caminhos no Plano de Verdade e Luz."

※※※

Esclarecimentos sobre a mensagem

1 – *"Querida Ondina"*: trata-se de D. Ondina Moutinho Vieira, filha, residente em Araguari.

2 – *"Estou com a Mãe Beatriz"*:

a) *Beatriz:* o Autor Espiritual se refere à sua progenitora, desencarnada em Portugal.

b) *Alegria no reencontro:* vindo o Sr. João Moutinho de Portugal para o Brasil, aos 18 anos de idade, em 1912, obteve, até algum tempo depois, respostas de apenas duas cartas suas para a genitora.

Depois disso, suas cartas não mais foram respondidas.

Sem qualquer notícia, posteriormente, dela ou de familiares a seu respeito, ignorava, dessa forma, como e quando ela retornou à Espiritualidade.

E, em vista do amor profundo que sempre lhe consagrou, a falta de notícias e a saudade profunda da mãezinha passaram a constituir motivo de grande pesar durante toda a sua existência.

Daí uma grande alegria, para os que lhe sobrevivem, o saber desse reencontro no Mundo Espiritual.

c) *Mediunidade não dá privilégio a ninguém:* médium psicofônico durante mais de cinquenta anos, obtendo e transmitindo notícias de familiares desencarnados para encarnados, no trabalho de consolo e socorro, em que permaneceu a sua mediunidade durante todo esse tempo, jamais recebeu, para si próprio, informes da genitora desenfaixada do corpo físico, evidenciando esse fato que o médium, *por ser médium,* não goza de privilégio ou quaisquer regalias.

3 – *Carísio e Joaquim Barbosa:*

a) *Adolpho Carlos Carísio:* nasceu em Uberaba, Minas Gerais, a 26 de março de 1908, fixando residência em Araguari, a partir de 1925.

Foi construtor e chefe da Secção de Obras da Prefeitura Municipal de Araguari, cargo no qual se aposentou há muitos anos.

Participou de muitas atividades de relevo social da comunidade araguarina, dentre outras, as lojas maçônicas "União Araguarina" e "Fenix 56".

Foi, por quase oito lustros, presidente do Centro Espírita de Caridade, época em que, juntamente dos companheiros do Centro, construiu o Educandário Espírita de Araguari, obra escolar das mais exemplares.

Membro de numerosa família, com vários filhos e familiares militantes na Doutrina Espírita, teve o seu nome, após a desencarnação, ocorrida em Araguari, a 16 de abril de 1978, colocado, mediante lei municipal, numa das avenidas próximas ao Educandário Espírita, como preito de reconhecimento pelos serviços prestados àquela progressista cidade.

b) *Joaquim Barbosa:* nasceu no município de Monte Carmelo, Estado de Minas Gerais, a 20 de setembro de 1901, transferindo-se para Araguari em 1924, onde exerceu atividades ligadas ao comércio, tendo sido nomeado Coletor Estadual em 1930, cargo que exerceu até a desencarnação.

Prestou relevantes serviços à comunidade araguarina, tendo sido diretor de várias instituições, tais como: Santa Casa de Misericórdia de Araguari, Preventório Eunice

Weaver, Loja Maçônica "União Araguarina" e Centro Espírita de Caridade.

Serviu a essas entidades, com devotamento e abnegação, até o último dia de sua permanência no Plano Físico.

Por seu trabalho e méritos, a Administração Municipal, por lei, deu-lhe o nome a uma das ruas de Araguari, onde desencarnou, em 24 de fevereiro de 1961.

4 – *Urbano:* Sr. Urbano Teodoro Vieira, esposo de D. Ondina, a quem nos referimos no item 1, acima.

5 – *"Nossa querida Emília":* D. Emília Marques Rolo, viúva do Sr. João dos Santos Moutinho, encontrava-se gravemente enferma, vindo a desencarnar quatro dias após o recebimento da mensagem.

6 – "Vi o Silvano a me avisar que seguiria viagem no domingo." – Silvano, filho já desencarnado há muitos anos, três dias antes, efetivamente, avisara-o da desencarnação no domingo.

Observação: Na quinta-feira que precedeu o desenlace do Sr. João, sua filha, D. Ondina, em momentos de silêncio, estando a sós com o genitor no quarto do hospital, teve a atenção voltada para diálogo que o pai começou a manter com os desencarnados (fato costumeiro na vida do médium), ouvindo-lhe escapar da boca o seguinte:

– "... portal da morte? ... Portal da Vida!..."

A filha, notando que ele estava sendo avisado por

entidades espirituais de alguma coisa, levantou-se, aconchegando-se para ouvir o diálogo, quando aconteceu fato importante: de olhos fechados, não vendo que a filha se encontrava perto dele, levantou a mão direita, passando-a ao longo dos lábios, em sinal de silêncio, acrescentando:

– "... cuidado?... porque as paredes têm ouvidos?..."

E silenciou.

Concluiu ela, D. Ondina, que, na verdade, os Espíritos avisavam-no de algo sério, mas com o cuidado necessário para não assustar a ninguém, principalmente a esposa.

7 – *Nefe:* Nephtaly Guimarães Naves, amigo íntimo, distinto farmacêutico e militante nas tarefas espíritas de Araguari.

8 – "Recebam, com a Emília, com o João, o Ismael, todos os filhos e filhas, o abraço cordial do Papai agradecido."

a) *Emília:* esposa já citada, no item 5, acima.

b) *João:* João de Jesus Moutinho, filho, tarefeiro do Espiritismo, em Brasília, Distrito Federal.

c) *Ismael:* Ismael Moutinho, também filho, integrante do movimento espírita de Araguari.

d) *"Todos os filhos e filhas":* demais filhos: Rosa, Beatriz, Mozart, Odete e Eunice, todos espíritas.

* * *

Encerremos, leitor amigo, este capítulo, com o belíssimo depoimento de D. Ondina, a que ela deu o título de "Espiritismo – maravilhosa Doutrina de esclarecimento e consolo".

Ei-lo:

"Para dizer a gratidão por tudo quanto recebemos de nossa abençoada Doutrina, realmente, não encontraríamos palavras.

Mormente quando ela é assimilada pela mente, através do estudo, e pelo coração, no trabalho de socorro ao próximo.

No que concerne à desencarnação de meu progenitor, peço licença para acrescentar o que segue.

Desde criança, observávamos em nosso pai o hábito constante do estudo da Doutrina (Allan Kardec e nosso Benfeitores Espirituais, através da abençoada mediunidade de nosso querido Chico Xavier, principalmente), aliado ao trabalho constante da mediunidade e do serviço ao semelhante, o que lhe proporcionou natural serenidade diante do fenômeno da desencarnação, legando aos filhos e amigos, até na última hora, exemplo de equilíbrio cristão.

Na semana da desencarnação, em certo instante da melhora (das crises de angina e enfartes), ele nos disse, sereno:

– Minha filha, desta vez, não voltarei mais para a casa.

E eu, com o propósito de desviar o assunto, disse-lhe:

— O senhor já teve crises piores, papai; no entanto, voltou.

Mas ele insistiu:

— Você se lembra dos casos de desencarnação, acompanhados por André Luiz e constantes do livro *Obreiros da Vida Eterna*?[1] Pois está acontecendo comigo fatos semelhantes aos citados naquela obra...

Acho oportuno também narrar o que aconteceu na manhã de sua desencarnação.

Estando, no quarto hospitalar, dois companheiros que o visitavam para ajudar na transmissão do passe, ainda com lucidez plena, disse a um deles:

— Valdote, da coleção da *Revista Espírita* de Kardec, que o presenteei, só lhe entreguei 6 volumes, pois estava terminando de estudar (por mais uma vez) os outros exemplares. Procure-os com a minha velha...

E, havendo o confrade Valdote respondido que pegaria com ele mesmo, depois que saísse do hospital, ouvimos de meu pai a seguinte afirmativa:

— Não, Valdote, hoje é o dia da minha partida.

E, virando-se para o meu esposo, Urbano, que estava ao lado, solicitou a este que fizesse a prece.

---

[1] Francisco Cândido Xavier, André Luiz, *Obreiros da Vida Eterna*, Federação Espírita Brasileira, Rio de Janeiro, 1ª edição, 1946. *(E.B.)*

Era o fim daquele corpo velho e cansado, aos 87 janeiros de lutas e sacrifícios, e início de uma saudade feita de esperança, porque sabemos que a morte do corpo não significa separação para aqueles que se amam.

Apesar de nossas convicções de espíritas militantes, a mensagem de meu pai, pelo nosso Chico, constituiu para todos nós, os familiares e amigos, uma alegria indescritível.

É por isso que pedimos, do fundo de nossa alma, ainda uma vez, mil bênçãos de Luz e Amor, Paz e Saúde ao coração sempre amigo e delicado do Chico, que tem sido, ao longo de mais de meio século, junto ao sofrimento humano, o representante fiel do Cristo a enxugar lágrimas e a lenir dores, consolando e esclarecendo, servindo e amando a todos.

Que Jesus a todos nos abençoe, sempre.

(a) *Ondina Moutinho Vieira.*

Araguari (MG), 08 de novembro de 1982."

9

Mensagem da vovó e mãe do coração

Querida Nancy,

Deus nos abençoe.

Escrevo, a pedido do Antônio, no intuito de tranquilizá-los.

Os nossos foram devidamente amparados.

Estávamos com vários amigos, incluindo o nosso amigo Monsenhor Rosa, a fim de acolhê-los nas vizinhanças de Andradina.

Não se pode esperar deles, por agora, senão um período mais ou menos longo, para tratamento em regime de hospitalização.

José Roberto e Luci, nossa amiga Maria Anto-

nieta e as crianças, Roberto, Luciana e Valdomiro, estão protegidos por muitos amigos.

Pedimos, Antônio e eu, a vocês todos para não se lastimarem.

Peço a você, tanto quanto aos meus filhos Antônio, Wilson, Breno e Hugo, com as minhas filhas pelo coração, que se harmonize com a prece, porque, nessas horas de provação, é melhor silenciar a nossa palavra na oração do que opinar sobre leis que ainda não compreendemos.

Sabemos que a morte para seis corações da família é uma dor que fere fundo, mas pedimos a todos paciência e fé na Providência Divina.

Em minha pobreza espiritual, rogo a Jesus nos proteja a todos, e abraça-os no carinho de sempre a vovó e mãe do coração,

Maria Tereza Lopes Maniglia

* * *

PACIÊNCIA E FÉ NA PROVIDÊNCIA DIVINA

Entrevistamos, em sua residência, em Franca (SP), na tarde de 22 de janeiro de 1981, a Sra. Nancy Mara Maniglia Nascimento, casada com o Sr. Alberto Santos Nascimento, atuante fazendeiro, não somente no Estado de São Paulo, mas no Mato Grosso do Sul, sobre a senhora sua mãe – D. Maria Thereza Lopes Maniglia –, autora da "Mensagem da Vovó e Mãe do Coração", recebida pelo médium Xavier no Grupo Espírita da Prece, ao final da reunião pública da noite de 20 de janeiro de 1979.

Por itens, estudemos a aludida página mediúnica, que tanto consolo trouxe à família, abatida pela desencarnação simultânea de seis de seus elementos, num desastre aéreo, sobre o qual nos estenderemos mais, no Capítulo 10 deste volume.

1 – *Nancy:* D. Nancy Mara Maniglia Nascimento, nossa entrevistada, filha de D. Maria Thereza.

2 – *Antônio:* Sr. Antônio Maniglia, esposo de D. Maria Thereza e pai de D. Nancy, desencarnado a 5 de janeiro de 1963.

3 – *Monsenhor Rosa:* a seu respeito, eis o que conseguimos obter, no Museu Histórico do Município (de Franca - SP) José Chiachiri[1], graças à gentileza da Sra. Margarete de Fátima Verzola Marques da Silveira, na tarde de 28 de janeiro de 1981:

"Monsenhor Cândido Martins da Silveira Rosa, oriundo de Jacareí, chegou à Franca no ano de 1856, tendo falecido em dezembro de 1903, 53 anos após uma admirável vida dedicada exclusivamente à salvação das almas.

---

[1] À pág. 6 de um *Almanaque*, já amarelecido pelo tempo, constante da Pasta "Vultos Famosos", sob o título "Rua Monsenhor Rosa – Sua História".

Gênio vibrante, inquieto, tornou-se o Vigário querido da Paróquia de Nossa Senhora da Conceição da Franca.

Lutou muito pela religião católica, pelo ensino, pela comunidade francana.

Foi aquele sacerdote a quem todos devotavam sincera veneração.

Polemista admirável, na tribuna da imprensa, verberou os inimigos da Igreja, levantou campanhas memoráveis.

Quando D. Vital, no Norte, sofria tremendas perseguições e era cognominado "Leão do Norte", Monsenhor Rosa (ao tempo Padre Cândido) daqui fazia a sua defesa e foi cognominado "Trovão do Sul".

Deve-se a Monsenhor Rosa o primeiro Colégio de meninas, dirigido por suas irmãs, D. Marcolina e D. Minervina Rosa.

A esse inolvidável padre se deve a vinda para Franca dos dois tradicionais educandários – o Colégio Nossa Senhora de Lourdes, que conta atualmente com oitenta anos, e o Ginásio Campagnat, naquele tempo Externato Nossa Senhora da Conceição, além de outros.

Seus restos mortais estão sepultados numa das grandes colunas da nossa Igreja Matriz N.S. da Conceição, próximo ao altar no seu lado direito, igreja essa de quem também foi o seu principal esteio.

Doou prédios e terrenos para os educandários locais, amparou o sábio capuchinho francês Frei germano de Annecy, que construiu em Franca o segundo relógio solar do mundo, protegeu ao jornalista César Ribeiro, que, tempos atrás, combatera-o em seu jornal "O Nono Distrito".

Foi-lhe concedido, pelo Papa Leão XIII, o título de seu camareiro secreto e foi o único sacerdote brasileiro, na época, que recebeu de D. Pedro II, que o estimava, uma comenda."

4 – *José Roberto:* José Roberto Alves Pereira, nascido a 3 de setembro de 1945 e desencarnado a 6 de janeiro de 1979, em acidente aéreo, com sua esposa, filhos e mãe.

Genro de D. Maria Thereza, sobre quem entraremos em detalhes, no Capítulo 10.

5 – *Lucy:* Lucy Maniglia Alves Pereira, esposa de José Roberto e filha de D. Maria Thereza.

Nascida a 26 de junho de 1944, e desencarnada a 6 de janeiro de 1979, com seu esposo, filhos e sogra.

6 – *Maria Antonieta:* D. Maria Antonieta Comodaro Pereira, nascida em 21 de fevereiro de 1925, e desencarnada a 6 de janeiro de 1979, em acidente aéreo, com seu filho José Roberto, sua nora Lucy e seus netos Roberto, Luciana e Waldomiro.

7 – *Roberto, Luciana e Waldomiro:* Roberto Alves Pereira, Luciana Alves Pereira e Waldomiro Alves Pereira Neto,

nascidos, respectivamente, a 22 de outubro de 1968, 10 de março de 1970 e 18 de março de 1971.

Desencarnados em acidente aéreo a 6 de janeiro de 1979, com seus pais e avó.

8 – *Antônio, Breno e Hugo:* Antônio Maniglia Júnior, Breno Maniglia e Hugo Maniglia, filhos de D. Maria Thereza, residente em Franca, Estado de São Paulo.

9 – *Maria Thereza Lopes Maniglia:* senhora de tradicional família francana, nascida em 4 de abril de 1914, e desencarnada a 13 de abril de 1951.

※※※

Que Jesus, O Divino Mestre, possa abençoar todos os Espíritos mencionados na mensagem de D. Maria Thereza, encarnados e desencarnados, e o nosso prezado amigo Chico Xavier, a fim de que ele, com mais saúde, possa continuar com o seu mediunato, para a alegria, o reconforto e as esperanças sempre crescentes de todos nós, os seus coetâneos.

E, leitor amigo, sem perda de tempo, passemos ao próximo capítulo.

10

"Deus era a única sílaba que nos escapava do coração e da boca"

Querida Maria Helena e meu Caro Antoninho, ainda estou no trauma do acontecimento que não estimaríamos relembrar.

Tudo foi questão de segundos.

Observava a hesitação do motor, mas na impossibilidade de qualquer retificação, entreguei-me à força que interpretamos como sendo a Vontade de Deus.

Reconheço que estávamos todos submetidos a leis imbatíveis e prefiro falar do assunto do ponto de vista da religião.

Nessas horas terríveis do imprevisto negativo, a ideia de que somos filhos de uma Sabedoria Infinita e de um Infinito Amor que comandam todo o Universo nos reconforta os corações.

Creiam que não houve tempo que se despendesse em lamentações.

Deus era a única sílaba que nos escapava do coração e da boca, atônitos que nos achávamos todos, diante do irremediável.

O grande pássaro de metais caiu arremessando-nos a todos, de uma vez, na liberação compulsória da experiência física.

Concentrei todas as minhas reservas de energia mental para não dormir ou desmaiar, entretanto semelhante esforço não me valeu por ensejo de observação mais minuciosa do fenômeno que nos arrasava a família.

Numa fração de tempo que não pude nem posso ainda precisar, vi-me fora do corpo, à maneira de noz quando salta do invólucro natural que a retém e, conquanto cambaleasse de espanto e sofrimento, reconheci que não estávamos a sós.

A mamãe Antonieta e a Lucy estavam amparadas por senhoras amigas, e o Robertinho, a Luciana e o Waldomiro Neto se achavam sob a assistência de enfermeiros diligentes.

Quis conhecer os benfeitores que nos estendiam socorro, mas, como se a certeza de que não nos achávamos abandonados me rematasse as resistências, entrei por minha vez num torpor de que não consigo atualizar a duração.

Mais tarde, ainda ignoro depois de quantos dias, despertei numa instituição que, a princípio, forneceu-me a ilusão de que havíamos sido salvos do acidente doloroso, mas não se passou muito tempo para que me visse esclarecido.

Havíamos todos deixado a moradia física de uma só vez.

Embora me sentisse quase quebrado pelas consequências da queda, era obrigado a reconhecer que me via num corpo em tudo semelhante àquele que me havia servido.

Seria inútil qualquer tentame de meu lado para descrever-lhes a mudança que me convulsionava a cabeça.

Entretanto, era preciso resignar-me aos acontecimentos e, mais uma vez, a ideia religiosa foi a escora que me imunizou contra o desequilíbrio total.

Pouco a pouco, revi todos os nossos.

A mãezinha Antonieta recebera os primeiros socorros por parte de duas amigas que passei a conhecer, a irmã Anna Inacia de Mello e a irmã Arminda Andrade Nogueira, que fora, em Franca, a esposa do Capitão Nogueira.

O papai Waldomiro estava em nosso auxílio, e o Dr. Ismael Alonso com outro médico, o Dr. Antônio Ricardo Pinho, submetiam-nos a tratamento atencioso.

Monsenhor Cândido Rosa, o respeitável amigo da nossa família, abençoava-nos com a sua assistência, e a única revelação que lhes posso fazer é que me tornara novamente menino para chorar, vazando no pranto copioso o sofrimento da desvinculação inesperada a que fôramos conduzidos.

Maria Helena, peço-lhe calma e confiança nas forças invisíveis que aí na Terra nos reanimam e nos consolam.

Nosso grande reconforto é saber que a deixamos sob a proteção do nosso prezado Betarello e sob as obrigações de viver para os filhos queridos.

Agradecemos o seu heroísmo encharcado de lágrimas quando a provação nos colheu a família e pedimos a você prossiga em frente, na convicção de que nossos pais e nós, seus irmãos, não a esquecemos.

Somos gratos às suas orações, às suas flores, às suas referências carinhosas e aos ofícios religiosos com que você e o nosso Betarello nos recordam.

Em tudo isso, sabemos que a dor é o metro de todos os nossos movimentos, entretanto não desconhe-

cemos que a esperança brilha nessas sombras em que se nos enlutou a vida.

É um verbo inadequado para quem traz as notícias da própria sobrevivência, mas a verdade é que o luto espiritual daqueles primeiros dias que se seguiram ao desastre ainda não se desanuviou de todo, em nosso coração.

Estamos relativamente bem, mas ainda deslocados, como se procurássemos inutilmente a nossa própria moradia.

No entanto, não temos razão para queixas, porque saímos de certa parte da nossa família para associar-nos à outra parte, àquela que nos precedeu na grande transformação.

Agradeço ao Antoninho por toda a solidariedade com que nos acompanhou o transe aflitivo daquelas horas de que não mais nos esqueceremos, e estamos todos certos de que ambos continuarão a recordar-nos nas orações, que significam cartas de estimulante amor a nós outros, a fim de que nos reanimemos, passando a viver e sobrevivendo acima da vida que não esperávamos deixar.

Sintam-me reconfortado e confiante.

Não há lugar para desalento e autopiedade.

Um mundo novo se nos abre à frente e uma nova existência nos desafia.

Seguiremos ao encontro daquilo que a Sabedoria Divina nos reserva; no entanto, saibam que Deus nos criou de tal modo, que o amor é um selo indelével sobre os nossos mais altos sentimentos na vida.

Onde estivermos, continuaremos a pertencer-nos uns aos outros pela afeição que nos reuniu para sempre.

Com estas ideias de união imperecível e de alegria do reencontro, subscrevo-me com o carinho que lhes devo e com a esperança de falar-lhes outra vez.

Abraços do irmão sempre agradecido,

José Roberto
José Roberto Alves Pereira

* * *

IMPORTÂNCIA DA IDEIA RELIGIOSA

O autor destes apontamentos, ao qual se refere o parágrafo abaixo, encontrava-se em Franca, progressista cidade do Estado de São Paulo, onde a família espírita dá mostras de fecundas realizações no campo da assistência social e do estudo doutrinário, quando ocorreu o acidente aéreo que vitimou o fazendeiro José Roberto Alves Pereira, que estava com sua genitora, sua esposa e seus três filhinhos, e pôde avaliar o quanto contristada ficou toda a população francana ante o considerado infausto acontecimento do ponto de vista terrestre, porém abençoada experiência para os Espíritos que tiveram o ensejo de resgatar velhas dívidas cármicas.

※

Sobre a mensagem — "Deus era a única sílaba que nos escapava do coração e da boca", que foi publicada, na íntegra, pelo *Diário da Franca*[1], com foto do Autor Espiritual, estudemo-la por itens, não sem antes trasladar para cá alguns tópicos do que disse o Sr. Djalvo Braga, no citado jornal[2], de 5 de agosto de 1980, a seu respeito.

"— É das mais dignas a fonte, a origem da mensagem de José Roberto.

Realmente, a fonte é a mais digna e séria que se possa imaginar. Conheço Chico e todos o conhecem bem. É um médium hoje mundialmente conhecido e respeitado. Posso lembrar aqui o caso acontecido com pessoas de minha família.

Uma sobrinha faleceu em 1978, filha do Aristoclides Martins.

Chico recebeu uma mensagem dirigida pela filha ao

---

[1] "Por intermédio do médium Chico Xavier, José Roberto enviou mensagem de conforto aos seus familiares", *Diário da Franca,* de 30 de julho de 1980."

[2] "Mensagem de José Roberto: 'fonte é das mais dignas'", *Diário da Franca,* Ano VIII — Nº 2324, Franca, 5 de agosto de 1980.)

seu pai, na qual cita 26 nomes de familiares nossos, muitos dos quais falecidos há longo tempo, e alguns que eu particularmente nem me lembrava, o que para mim é um atestado."

*

1 – "Querida Maria Helena e meu caro Antoninho."

Sra. Maria Helena Alves Bettarello, única irmã sobrevivente de José Roberto, e Sr. Antônio Aurélio Bettarello, cunhado, distinto casal a quem entrevistamos na manhã de 14 de setembro de 1980, em sua residência, em Franca.

2 – "O grande pássaro de metais caiu arremessando-nos a todos, de uma vez, na liberação compulsória da experiência física."

Se for do interesse do amigo leitor obter maior conhecimento sobre o assunto "Resgates coletivos" indicamos a obra *Ação e Reação,* ditada pelo Espírito de André Luiz[1], na qual o Autor Espiritual se refere a um desastre aviatório em que quatorze pessoas desencarnaram, sendo que somente seis delas, "cuja vida interior" lhes outorgava a imediata liberação, receberam socorro direto dos Benfeitores Espirituais ligados à *Mansão Paz,* com o Instrutor Druso e o Assistente Silas à frente.

Enriquecedora será, para todos nós, a releitura desse

---
[1] Francisco Cândido Xavier, André Luiz, *Ação e Reação,* Federação Espírita Brasileira, Rio de Janeiro, 1ª edição, 1957, pp. 236-246.

capítulo, principalmente para que possamos meditar sobre o relato das experiências dos Assistentes Ascânio e Lucas, os quais, em 1429, logo após a libertação de Orleães, quando formavam o exército de Joana D'Arc, "não hesitaram em assassinar dois companheiros, precipitando-os do alto de uma fortaleza no antigo território de Gâtinais, sobre fossos imundos". Depois de muitos anos de serviço infatigável no bem, tendo o ensejo de escolher o gênero de provação, "optaram por tarefas no campo da aeronáutica, a cuja evolução ofereceram suas vidas", vindo ambos a desencarnarem num doloroso sinistro aviatório e sofrendo "a mesma queda mortal que infligiram aos companheiros de luta no século XV".

3 – "A mamãe Antonieta e a Lucy estavam amparadas por senhoras amigas, e o Robertinho, a Luciana e o Waldomiro Neto se achavam sob a assistência de enfermeiros diligentes."

Sobre mamãe Antonieta, Lucy, Robertinho, Luciana e Waldomiro Neto, consultemos os itens 5, 6 e 7 do Cap. 9, acima, apenas acrescentando que a primeira nasceu em Pedregulho, Estado de São Paulo, e os demais em Franca, no mesmo Estado.

4 – *Irmã Anna Inácia de Mello:* segundo pesquisas do Sr. Toninho Bettarello e de sua esposa D. Maria Helena, D. Anna Inácia de Mello, antiga moradora de Franca, desencarnou a 14 de abril de 1947, esposa do Sr. José Sábio Gar-

cia, tendo vivido muitos anos em Santa Maria, Município de Conquista, Estado de Minas Gerais, onde conheceu o Espiritismo.

5 – *Irmã Arminda Andrade Nogueira:* trata-se de veneranda senhora da sociedade francana, desencarnada a 17 de junho de 1962.

Muito caridosa, prestava assistência a diversas famílias mais necessitadas e teve o mérito de iniciar a construção da Igreja de Santa Rita, em Franca.

6 – *Papai Waldomiro:* Waldomiro Alves Pereira, pai de José Roberto, nasceu em Itirapuã, Estado de São Paulo, a 27 de maio de 1925, e desencarnou a 13 de junho de 1966.

7 – *Dr. Ismael Alonso:* Dr. Ismael Alonso Y Alonso, renomado médico de Franca, que deixou longa folha de serviços prestados ao povo, principalmente aos mais necessitados.

Foi prefeito em várias gestões e desencarnou a 23 de março de 1964.

8 – *Dr. Antônio Ricardo Pinho:* outro dedicado médico francano, de tradicional família da região, tendo muito trabalho em prol da coletividade.

Desencarnou a 7 de março de 1954.

Genitor da cronista social – Augusta – e do advogado Dr. Ricardo Pinho.

9 – *Monsenhor Cândido Rosa:* uma das principais figuras do clero francano, sobre quem nos estendemos no

item 3 do Cap. 9, retro, cujo nome figura numa das principais ruas de Franca, onde se situam "grandes firmas industriais e comerciais, estabelecimentos diversos, escritórios de advogados, de médicos, etc.", sendo o velho *Almanaque* citado, anteriormente.

10 – *Nosso prezado Bettarello:* vimos, no item 1 deste Capítulo, que o Espírito de José Roberto se dirige ao cunhado Antônio Aurélio Bettarello, chamando-o de *Antoninho,* quando, na realidade, costumava tratá-lo por *Toninho,* quando ainda no Plano Físico, à maneira dos demais amigos e familiares.

Estando diante – digamos – de uma falha de memória da entidade comunicante, achamos por bem transcrever parte do *XXIII Caso,* citado pelo Sr. Kensett Styles e publicado em "Light", 1909, página 32, do livro *Os Enigmas da Psicometria – Dos Fenômenos de Telestesia,* de Ernesto Bozzano[1], que trata do assunto de forma bastante exemplar.

Depois de relatar um episódio que se constitui em "prova convincente da sobrevivência humana e do interesse que os desencarnados continuam a ter pelos que lhes sobrevivem na Terra", o Sr. Styles afirma o seguinte sobre o Espírito de um dos seus melhores amigos da adolescência, prematuramente falecido de um mal misterioso:

"Devo ainda acrescentar que o Espírito também me

---

[1] Ernesto Bozzano, *Os Enigmas da Psicometria – Dos Fenômenos de Telestesia,* tradução de M. Quintão, Federação Espírita Brasileira, Rio de Janeiro, 1949, pp. 94-96.

recordou um dia em que patinávamos com grande ardor e acabávamos às cambalhotas, o que nos valeu severa repreensão paterna.

Nada, porém, de semelhante comigo sucedera; entretanto, algum tempo depois, vim a saber, por parentes do jovem camarada, que o tal incidente realmente se dera, mas com um seu irmão, com o qual, supondo, ele me confundiu."

Observemos, leitor amigo, o que diz Bozzano, em seguida:

"Neste depoimento, o primeiro incidente verídico, posto que mui notável, é teoricamente menos importante que o segundo, revelador de um erro de memória.

Efetivamente, se as informações obtidas tivessem origem no subconsciente, ou, por outras palavras, se o psicômetra as houvesse extraído telepaticamente da subconsciência do consulente, poderíamos explicar o primeiro incidente verídico, mas nunca o segundo, visto que o sensitivo jamais poderia extrair da subconsciência do consulente um episódio sobre o qual não existia nela um traço sequer, visto que absolutamente ele o ignorava.

De onde proviriam, então, essas observações?

É uma pergunta que se impõe, pois, se é verdade que o episódio não se reportava ao consulente, menos verdade não é que concernia à entidade que se afirmava presente.

Ora, impossível é responder à interrogação sem admitir a presença real do Espírito.

E, nesse caso, o erro de memória em que incidiu, confundindo o amigo com o irmão, seria de natureza compreensível e justificável, pois todos somos suscetíveis dessas confusões mnemônicas, quando se trata de acontecimentos afastados e de somenos importância."

11 – "Somos gratos às suas orações, às suas flores, às suas referências carinhosas e aos ofícios religiosos com que você e o nosso Bettarello nos recordam!

Confirmando este tópico da mensagem, D. Maria Helena relembrou-nos de que, na noite de 4 de julho de 1980, enquanto o médium Xavier psicografava as seis mensagens da noite, houve um momento em que ela, emocionada, chegou a dizer ao marido: – "É o Beto!"

E, com efeito, minutos mais tarde, com que alegria recebeu das mãos do médium de Emmanuel as laudas de papel contendo a carta de seu querido irmão.

***

À guisa de conclusão, façamos ligeiro escorço biográfico de José Roberto, complementando o item 4 do Cap. 9, e registremos mais alguns dados que a gentileza do Sr. Toninho e de D. Maria Helena Alves Bettarello nos forneceram.

— José Roberto Alves Pereira, que nasceu em Pedregulho (SP), a 3 de setembro de 1945, e desencarnou no acidente aéreo, nas proximidades de Nova Andradina, Estado do Mato Grosso do Sul, a 6 de janeiro de 1979, em companhia de sua genitora, de sua esposa e de seus três filhos, decolara de Amambaí, no mesmo Estado, e se dirigia para Franca.

— *Sertanejo,* seu avião de seis lugares, estava sendo pilotado por José Roberto, pela primeira vez sozinho, isto é, sem a presença de outro piloto, já que brevetara a 18 de novembro de 1978.

— Sempre que chegava de avião, nos fins de semana, pedia ao piloto para sobrevoar o rancho do cunhado e da única irmã, e, antes de partir, chegou a dizer a esta:

— Lena, tenho uma novidade para lhe contar: eu vou voltar de Amambaí pilotando o avião.

A emoção de D. Lena fez com que seu mano, a partir daquele instante, não acrescentasse qualquer outra palavra.

— Seu tio, Sr. Wander, ficara impaciente, aguardando o retorno do sobrinho, por saber que ele voltaria sem a assistência do piloto amigo.

— O garoto Bettarello Júnior deveria ter viajado com o tio, mas, por motivo de força maior, teve que ficar.

— Estava chuvoso o tempo, no dia da última viagem de José Roberto, no seu atual período reencarnatório.

— Conceituado fazendeiro, José Roberto, com o Curso Secundário completo, chegara a iniciar o Curso de Química, em Campinas.

— Era Católico, tornando-se cursilhista nos seus últimos anos de vida física.

— Segundo o Sr. Toninho Bettarello, oito anos antes, ele – José Roberto – lhe dissera que tinha vontade de ser espírita, mas que preferia prosseguir no Catolicismo, já que estava encaminhando os filhos nesse caminho.

— Estava com viagem marcada, com toda a família, para os Estados Unidos da América do Norte, dois dias depois.

— Sofrendo de problema renal, de longa duração, chegou a se submeter a cirurgia nessa área, além de ter feito sonoterapia, em São Paulo, e cateterismo cardíaco, em São José do Rio Preto.

— Era muito caridoso, principalmente nos seus últimos anos de permanência na Terra.

*

Que Jesus, o Divino Amigo, possa continuar abençoando José Roberto, e toda a sua família, na Vida Maior, e que nós outros, os reencarnados, possamos permanecer firmes na Seara do Bem, cumprindo fielmente os nossos deveres, sob o manto protetor da Misericordiosa Justiça Divina.

11

"É preciso praticar aceitação como se exercita qualquer esporte"

Querida Mãezinha Lucila,

Peço a sua bênção com a bênção de meu pai, que me reconfortam o coração.

Ainda não sei manejar o lápis com segurança, mas meu avô João Luiz me afirma que você está esperando notícias.

Mãezinha, é tão difícil falar de notícias quando a gente ama tanto, e não se vê reciprocamente para um abraço em que os olhos possam ler uns nos outros o que está acontecendo...

Mas não se aflija.

O que sucedeu com seu filho é a saudade que passou a morar entre nós.

Você pode avaliar o que foi a transformação, despertar longe de casa sem passagem de volta e assumir uma vida completamente nova, em que os assuntos da retaguarda me pesavam na cabeça, foi muito difícil.

Quando me conscientizei da situação diferente em que me achava, a preocupação pelo Cláudio me inquietava, porque, muito espontaneamente, supunha-me num hospital para acidentados.

Os meus chamados e exigências para que a família me assistisse foram inúteis, sentia-me na posição de menino contrariado repentinamente, desvalido, mas os avós vieram e me confortaram.

Meu avô João Luiz e meu avô Ângelo começaram a me esclarecer e a me clarear a memória.

Quando aceitei a verdade, vi-me ligado ao seu coração e sentia o seu pranto, a correr sobre o meu coração.

A luta, Mamãe, foi muito grande, mas hoje já consigo pedir-lhe calma e confiança em Deus.

Lembremo-nos do Antônio, do Júlio e do Marcelo, que está aí a requisitar proteção e assistência.

E, agora, um filho *em cuja presença peço ao seu amor sentir-me tal qual sou.*

Mamãe, eu estou simbolicamente no Cláudio, no amigo que ficou amargando tantas provas.

Sei que, para ele, a retenção em casa não é sofrimento, porque ele nasceu para demonstrar serenidade e valor, mas peço ao seu carinho e ao carinho de todos os nossos doarem a ele tudo quanto quisessem destinar a mim.

Mãezinha, chorei com as suas lágrimas e com os pensamentos de meu pai, entretanto, ao observar o nosso Cláudio com os remanescentes do choque, preso ao lar, qual se fosse transformado em prisioneiro entre as paredes do mundo familiar, senti um sofrimento inexplicável...

Pareceu-me, a princípio, que eu morrera no amigo ou que ele morrera em mim.

Agora, vou melhor, é preciso praticar aceitação como se exercita qualquer esporte.

Nosso Cláudio vencerá, e nós venceremos, porque Deus, pela nossa fé, multiplica-nos as energias.

Leia para ele as minhas palavras, desejo que ele saiba que continuamos no mesmo veículo, juntos sempre.

Cláudio me ouvirá, escutando as suas palavras de Mãe repetindo as minhas.

Mãe querida, meu avô João Luiz me pede atenção para o tempo, escrevo em regime de recado público e não posso abusar dos que nos auxiliam a manter o clima de equilíbrios com as atenções colocadas em nós.

Um abraço para os irmãos, para os amigos.

Reúno o seu devotamento de sempre com o carinho de meu pai na mesma gratidão, rogando à sua ternura de Mãe guardar, em sua alma querida, todo o coração do seu filho agradecido,

Marco Antônio Migotto

* * *

CALMA E CONFIANÇA EM DEUS

A mensagem a que demos o título de "É preciso praticar aceitação como se exercita qualquer esporte" foi recebida pelo médium Xavier, ao final da reunião pública do Grupo Espírita da Prece, na noite de 15 de setembro de 1978, primeira de uma série de três.

Imediatamente após o término da reunião, o companheiro de ideal espírita Dr. Hércio Marcos Cintra Arantes teve a feliz iniciativa de entrevistar a Sra. Lucila da Silva

Migotto, genitora do Autor Espiritual da referida página, residente em São Paulo, Capital, fornecendo-nos, gentilmente, todo o material de que nos serviremos no próximo capítulo.

Na tarde de 26 de maio de 1980, D. Lucila nos passou às mãos uma pasta contendo as xerocópias dos originais psicografados, e os impressos das mensagens do filho desencarnado, com novos e úteis informes a seu respeito.

Finalmente, a 12 de julho de 1982, em Uberaba, rápida entrevista com a aludida e distinta senhora paulistana, e, com isso, vimo-nos na obrigação de nos desincumbirmos, com urgência, da tarefa abençoada, que abraçamos espontaneamente.

***

Marco Antônio Migotto, filho do Sr. Antônio Migotto e de D. Lucila da Silva Migotto, nasceu na Capital de São Paulo, a 16 de maio de 1955, aí desencarnando em consequência de acidente automobilístico, a 2 de outubro de 1977.

1 – *Avô João Luiz:* trata-se do avô materno, Sr. João Luiz da Silva, desencarnado há dezesseis anos, por ocasião da entrevista com o Dr. Hércio Arantes.

Era espírita.

2 – *Cláudio:* Cláudio Basso, amigo que estava com Marco Antônio no citado acidente de automóvel, ocorrido na Av. Santo Amaro, em São Paulo, Capital.

Enquanto Marco Antônio teve morte instantânea, decorrente de fratura de base do crânio, Cláudio conseguiu sobreviver, ficando com deficiência da perna esquerda a exigir-lhe o uso de muletas.

3 – *Avô Ângelo:* Sr. Ângelo Migotto, avô paterno, desencarnado há dez anos, por ocasião da primeira entrevista.

4 – Antônio, Júlio e Marcelo: irmãos de Marco Antônio. O primeiro, Antônio Carlos, com 28 anos de idade; o segundo com 27, e o terceiro com apenas 10 anos de idade, em 1978.

※ ※ ※

Para concluir este capítulo, acrescentemos alguns dados que nos foram fornecidos pela genitora de Marco Antônio, em sua última entrevista.

— A família já possuía algum conhecimento de Espiritismo, porém não frequentava centros espíritas.

— Sr. Antônio e D. Lucila passaram a participar das sessões públicas do Grupo Espírita da Prece, em Uberaba, desde dezembro de 1977, e cada vez que vinham em busca de consolo, tinham o cuidado de colocar os seus nomes e o do filho desencarnado numa folha de papel, na esperança de receberem qualquer notícia do filho por parte dos Amigos Espirituais.

— Marco Antônio muito apreciava fazer balões, desde tenra idade, tentando, a cada ano, fazer um maior que os dos anos anteriores, sendo que o último que fez, em junho de 1977, media treze metros, e foram usadas novecentas folhas de papel para a sua confecção.

— O amigo Cláudio Basso, conquanto católico, sempre pedia auxílio ao amigo desencarnado, e ficou muito feliz com os dizeres da mensagem a seu respeito.

12

"Rogo ao seu carinho regressar à esperança"

Querida Mãezinha Lucila, peço a sua bênção com a esperança do filho que sempre se volta em pensamento para o seu querido coração.

Mamãe, não permita que a tristeza tome lugar em seus sentimentos.

Entendo o que se passa e rogo não se abater à frente da luta.

A senhora sabe que o papai ficou traumatizado com tantos problemas e parece envolvido por uma onda de angústia que se expressa como sendo possível indiferença, mas meu pai sofre e sofre muito.

Aos poucos, Jesus nos auxiliará a vê-lo reintegrado a si mesmo, criando aquele ambiente de paz e alegria de que sempre se orgulhou em nossa casa.

Rogo, Mãezinha Lucila, que não se deixe levar por nuvens de amargura que lhe cerram a alma querida num campo estreito de sombras.

Tenho acompanhado seus pedidos e suas lágrimas, entretanto precisamos de sua coragem para nos firmarmos todos na confiança em Deus.

Recorde.

Temos tantas tarefas pela frente.

O Marcelo, o Antônio Carlos, o Júlio César e a nossa querida Lucy contam com o seu amor para crescerem e se consolidarem na vida tão fortes e tão contentes, que tudo nos compete efetuar para que todos se habilitem a cumprir os encargos de que foram investidos.

Peço dizer aos nossos que não fiquei encucado no problema do Cláudio.

Sucede que o amigo ficou nas condições que conhecemos e não seria justo arredá-lo de nós.

Não me esqueci dos meus entes amados.

Aqui estão comigo a vovó Angelina e a vovó Maria Rosa, que me atestam o caminho e as saudades imensas de casa e dos pais queridos.

É assim mesmo.

Se fôssemos explicar tudo o que se experimenta

em uma só carta, depois da Grande Mudança, tomaríamos indevidamente o tempo de muita gente.

Mãezinha, a senhora e o papai reconhecem quanto os amo, e a certeza disso me reconforta.

Estaremos juntos tanto quanto temos estado sempre.

Rogo ao seu carinho regressar à esperança.

Não conceda entrada ao desalento em suas forças.

A senhora continua sendo o nosso espelho de força espiritual, com luz bastante para clearearmos os caminhos.

Abrace meu pai por mim, com a ternura de filho que não o esquece, e com muitas lembranças para os irmãos queridos.

E, para o seu coração querido, todo o coração de seu filho que pede a Deus para ter o privilégio de ser sempre, e em qualquer caminho, o seu companheiro de trabalho e de luta, sempre mais seu filho agradecido.

Marco Antônio
Marco Antônio Migotto

***

Depois da grande mudança

A segunda mensagem de Marco Antônio Migotto – "Rogo ao seu carinho regressar à esperança" – recebida pelo médium Xavier, na noite de 9 de março de 1979, ao final da reunião pública do Grupo Espírita da Prece, é bastante expressiva.

Estudemo-la por itens.

1 – "Mamãe, não permita que a tristeza tome lugar em seus sentimentos." – A propósito, releiamos o Cap. 102 – "Rejubilemo-nos sempre" – da obra *Fonte Viva*[1] –, no qual o Benfeitor Emmanuel estuda, em profundidade, o "Rejubilai-vos sempre", de Paulo (I aos Tessalonicenses, 5:16).

2 – "O Marcelo, o Antônio Carlos, o Júlio César e a nossa querida Lucy." – irmãos de Marco Antônio Migotto. Sobre os três primeiro, consultemos o item 4 do Cap. 11, acima.

3 – *Cláudio:* Cláudio Basso, amigo sobrevivente no acidente automobilístico. Consultemos o item 2 do Cap. 11, retro.

4 – *Vovó Angelina e vovó Maria Rosa:* respectivamente, avós paterna e materna.

* * *

---

[1] Francisco Cândido Xavier, Emmanuel *Fonte Viva*, Federação Espírita Brasileira, Rio de Janeiro, 1ª edição, 1956, pp. 217-218.

Que todos nós, os habitantes da Terra, mundo ainda de expiações e de provas, encarnados e desencarnados, Espíritos recalcitrantes no erro e, por isso mesmo, necessitados de amargas experiências redentoras, desde leve traço de angústia aos supremos testemunhos de ressarcimento de pesadas dívidas cármicas, comovendo multidões de expectadores, possamos fixar este trecho de nosso Autor Espiritual:

"Não conceda entrada ao desalento em suas forças."

Por mais acerbos os sofrimentos, prossigamos firmes, confiantes em Jesus, o Nosso Divino Mestre.

13

"Filha querida, Deus a abençoe"

Querida Haydée, Jesus nos abençoe.

Estamos aqui para trazer-lhe o nosso carinho.

Estou auxiliada a fim de grafar algumas frases em que lhe diga quanto a amamos.

O nosso querido Jarbas e o amigo José Lourenço, o irmão Francisco de Bastos, a Naiá e a Ninfa Batista, o Segismundo Batista e o Joaquim Firmo com o amigo Damião Peixoto estão aqui conosco.

O Odir está chegando...

Desejava oferecer a você esta visita do coração, porque surgem tempos na Terra em que o coração se acredita a sós, o que não é verdade.

Deus tem sempre alguém para estender-nos amizade e auxílio...

Fui eu mesma quem provoquei, em seus sentimentos, o desejo de vir até aqui, pois desejava reafirmar, no seu coração querido de filha, que a morte não existe.

Você, querida filha, o José, o Sisenando, a Célia, o Tasso, o Paulo, o Décio e todos os nossos vivem comigo, porque sei que vivo também com vocês.

Lembro-me de sua fase de criança, quando íamos em passeio, para ver a casa do Pedro Mestre e de outros companheiros que viviam em nossa amizade.

Lembro-me do Manoel da Cega, Sant'Ana de Antas com roupa de Anápolis mudou tanto, mas o amor não sofreu qualquer alteração.

O nosso mundo revive onde nos achamos, no qual os nossos laços afetivos conquistam sempre mais luz.

Você se lembrará de quando sua mãe ia ao encontro das professoras Belisária Corrêa e Esther Campos, buscando sempre orientação para os familiares do "estado menor" da família.

Pois creia você que lhe trago o meu carinho, enfeixado de muitas saudades e de muitas preces por sua felicidade.

Querida filha do meu coração, fique com Deus.

O Jarbinha veio ao nosso encontro e lhe beija a face com a alegria de sua presença.

E, com os votos de seu pai e do Odir, por sua saúde e sua felicidade, reponho você em meu colo para repetir-lhe:

— *Filha querida, Deus a abençoe.*

Muito carinho, com toda a alma reconhecida e confiante da mamãe

Dinah

Maria Dinah

***

O AMOR NÃO SOFREU QUALQUER ALTERAÇÃO

Graças à gentileza do amigo Sr. Weaker Batista, conseguimos não somente a mensagem impressa do Espírito de D. *Maria Dinah* Crispim Jayme, recebida pelo médium Francisco Cândido Xavier, na madrugada de 16 de maio de 1981, no Grupo Espírita da Prece, em Uberaba – "Filha querida, Deus a abençoe" –, mas também, para gáudio nosso e de nossos leitores, os dados biográficos completos da Autora Espiritual, num depoimento assinado pela destinatária da mensagem – Sra. Haydée Jayme Ferreira –, distinta escritora e jornalista Anapolina.

Eis o que nos diz a ilustre representante das letras goianas sobre a sua inesquecível genitora:

"*Maria Dinah* Crispim Jayme nasceu na Vila de Sant'Ana de Antas, hoje Anápolis, Estado de Goiás, a 5 de junho de 1898.

Era filha de Antônio Crispim de Souza e de Maria Elisa Crispim.

À falta de médicos na vila, Antônio Crispim, que possuía conhecimentos intuitivos de medicina, atendia a todos os moradores, percorrendo também a zona rural, aonde levava o lenitivo aos sofredores.

A nossa flora medicinal contribuía com os ingredientes com os quais fabricava seus medicamentos.

Instalada a vila em 1892, e eleito o primeiro Conselho Municipal, sendo Antônio Crispim o conselheiro mais votado, foi escolhido presidente do referido Conselho.

Maria Elisa Crispim, mãe de Dinah, era mulher de larga visão.

Chegando à vila e tomando conhecimento de que as jovens ali residentes eram analfabetas, abriu uma escola primária particular, levando a luz do conhecimento às antenses.

Quando se criou na vila a escola pública, foi Maria Elisa nomeada professora.

Maria Elisa achou que os ensinamentos primários eram insuficientes e, como na vila não existiam outras escolas, enviou suas três filhas mais novas – Maria Dinah, Joana Juraci e Ana – para Pirenópolis, ao Colégio Imaculada Conceição, dirigido por uma congregação de freiras espanholas.

No Colégio Imaculada Conceição, Maria Dinah aprendeu, entre outras coisas, o francês, língua bastante ensinada naquela época, e que ela chegou a falar fluentemente.

Foi lá que conheceu aquele que seria seu futuro marido.

Casou-se, a 5 de junho de 1915, em Anápolis, com Jarbas Jayme, que, entre os cargos de funcionário público, professor e jornalista, foi historiador, com muitas obras publicadas e outras ainda inéditas.

Depois de casada, Dinah continuou seus estudos de música, que havia iniciado no colégio, com o mestre conhecido como Zé do Ó.

Solfejava, à primeira vista, qualquer partitura musical que lhe apresentassem.

De voz belíssima, foi solista nos coros das igrejas de Anápolis e Silvânia (Bonfim), onde residiu de 30 de novembro de 1933 até 28 de janeiro de 1938.

Possuidora de pendores artísticos, Dinah era exímia costureira, florista, crocheteira e bordadeira, quer à mão, quer à máquina.

De seu casamento com Jarbas Jayme, falecido a 21 de julho de 1968, nasceram:

José Sisenando Jayme – residente em Goiânia.

Sisenando Gonzaga Jayme – residente em Anápolis.

Jarbas Jayme Filho – falecido em Anápolis, a 22 de abril de 1964.

Célia Jaime – residente em Anápolis.

Tasso Jaime – residente em Goiânia.

Paulo Jaime – residente em Anápolis.

Haydée Jayme Ferreira – residente em Anápolis.

Décio Jaime – residente em Goiânia.

Faleceu Maria Dinah Crispim Jayme em Anápolis, no dia 11 de setembro de 1947.

*

Sempre cultivei enorme veneração e admiração por mamãe.

Contava entre 4 e 5 anos e ficava em volta de mamãe quando ela solfejava partituras musicais de missas, para depois ajudar o mestre Antônio Branco a ensiná-las às cantoras do coro da igreja de Sant'Ana.

Mamãe solfejava, cantando os nomes das notas, e eu, colada nela, aprendia também.

Quando chegavam visitas em nossa casa, eu começava a solfejar, e as visitas se pasmavam com meus "conhecimentos musicais" em tão tenra idade...

Foi com mamãe que aprendi certos bordados, como "richilieu", ponto aberto e matiz.

Ela também me ensinou as primeiras traduções e regras gramaticais de francês.

Em Bonfim, onde vivi dos sete aos onze anos, era muito chegada ao misticismo.

Mamãe jamais deixou de viver cercada de flores.

Mesmo morando em casas alugadas, formava sempre seu jardim.

Quando morávamos numa casa de propriedade de D. Domitila Louza, mamãe, dispondo de muito espaço, formou um belíssimo jardim, onde havia gerânios, rosas, chuvas de prata, açucenas, margaridas, violetas e várias outras flores.

Levada pelo meu misticismo e aquela indubitável crença infantil, costumava escrever cartas para Deus e colocá-las entre os gerânios do jardim.

Mais tarde, ia averiguar e percebia que Deus já havia recolhido as cartas.

Alguns pedidos, os mais simples, eram atendidos.

Muitos anos depois, foi que descobri quem recolhia minhas cartas: era a mamãe.

Em 1947, residíamos em Anápolis, meus irmãos Sisenando, Célia, Paulo e eu.

Mamãe morava em Goiânia, com meu irmão José, e estava em Anápolis a passeio, hospedada em casa de Célia.

No jardim da minha casa havia duas roseiras: uma chamada Rosa Mármore, grande e muito branca; outra de nome Bola de Neve, de tamanho médio, de um branco meio creme, que produzia pencas de flores.

De manhã, no dia que seria o de sua morte, mamãe esteve em minha casa e se deslumbrou com minhas roseiras, cobertas de flores de ponta a ponta, e me disse:

— Vou pedir ao compadre Chiquito Garcez para tirar um retrato de D. Maria e de mim debaixo destas roseiras.

À noite, colhi todas as rosas e as depositei sobre o corpo de mamãe, em seu esquife.

Na noite de 11 de setembro de 1947, todos os filhos de mamãe, residentes em Anápolis, estávamos reunidos a ela, em casa de Célia.

A mim e à minha cunhada Ruth X. Velasco mamãe ensinava um trabalho manual chamado nhanduti, enquanto os outros conversavam.

Nenhum sinal de doença.

Nenhum prenúncio de morte.

Muita alegria e amor.

Despedimo-nos todos às 22 horas, indo cada um para sua casa.

Mais ou menos às 22h30, Célia nos chamou: mamãe estava passando mal.

Meu marido Odir e meu cunhado Dilico foram buscar o médico, mas mamãe afirmou:

— O médico não chegará a tempo. Sei que vou morrer.

Era edema agudo dos pulmões.

A morte de mamãe revestiu-se de coragem e fé em Deus.

Enquanto o médico não chegava, mamãe, já morrendo, pediu a mim e à Célia, que estávamos ajoelhadas e desesperadas, que lêssemos a de Santa Maria Eterna em seu livro de orações.

Em nosso nervosismo, não encontrávamos a página certa, mas mamãe, já com os olhos dançando nas órbitas, tomou o livro, abriu-o e no-lo entregou.

Enquanto tentávamos ler, ela balbuciava:

— Jesus, Maria e José, eu vos dou meu coração e minh'alma. Jesus, Maria e José, assisti-me na última agonia!...

Quando os médicos, Dr. Xavier de Almeida Júnior e Dr. Bernardo José Rodrigues chegaram, às 23 horas, mamãe já estava morta.

(a) *Haydée Jayme Ferreira.*"

* * *

Ainda com as palavras de D. Haydée Jayme Ferreira, vejamos o desfile de nomes citados na mensagem, o que, por si só, a nosso ver, é a mais inconcussa prova de autenticidade mediúnica:

1 – *José Lourenço* Dias: amigo inseparável de papai.

2 – *Francisco* da Luz *Bastos:* pirenopolino que montou, em Sant'Ana de Antas, a primeira casa comercial, transferindo-se para cá em 1872.

3 – *Naiá, Ninfa* e *Segismundo Batista:* todos falecidos, filhos de Zeca Batista.

4 – *Joaquim Firmo* de Velasco: falecido em agosto de 1947, alguns dias antes de mamãe, e avô de minhas duas cunhadas Ruth e Beth.

5 – *Damião* Alves *Peixoto:* viveu em Anápolis, no final do século passado e início do século atual, sendo cunhado de Moisés Augusto de Santana.

6 – *Pedro Mestre* é Pedro Martins, também conhecido por Pedro Baio.

Foi professor de primeiras letras, com escola situada na rua Primeiro de Maio.

7 – *Manuel da Cega:* não conheci, mas fui informada de que se trata de um sapateiro, conhecido de meus irmãos.

8 – *Belisária Corrêa* é D. Bilica, viúva de Alaor de Faria, professora aposentada.

9 – *Esther Campos* Amaral: professora primária, falecida.

10 – *Jarbas Jayme:* meu pai.

11 – *Jarbinha:* meu irmão.

12 – *Odir:* meu marido, falecido a 4 de abril de 1975.

13 – *Maria Dinah* Crispim Jayme: minha mãe, nasceu a 5 de junho de 1897[1] e faleceu a 11 de setembro de 1947, estando eu com 21 anos.

Verifique o leitor que, no depoimento, o ano de nascimento de D. Maria Dinah é 1898. *(E.B.)*

* * *

Temos certeza: se o prezado leitor voltar ao Capítulo 13 e relê-lo, agora, há de querer, pelo pensamento, percorrer os jardins da Espiritualidade Superior, alguns deles entrevistos por D. Maria Costa Victoi em suas experiências

---

[1] Verifique o leitor que, no depoimento, o ano de nascimento de D. Maria Dinah é 1898. *(E.B.)*

fora do corpo físico, como no Capítulo 1 deste livro, e por D. Luíza Maciel de Almeida, no Capítulo 10 de *Quem São*[1], somente para colher duas braçadas de flores e, em seguida, depositá-las nas mãos do Espírito de D. Maria Dinah e do médium Francisco Cândido Xavier.

E, se fosse possível, colher uma terceira braçada de flores espirituais – belíssimas flores – destinadas às mãos benditas do ínclito Codificador do Espiritismo – Allan Kardec.

---

[1] Francisco Cândido Xavier, Elias Barbosa e Espíritos Diversos, *Quem São*, 3ª edição, julho/1982, IDE, Araras (SP), pp. 59-64.

14

Nos dias de céu azul

Querida mãezinha Clarice, abençoe-me.

Este é um grande momento para seu filho.

Um encontro em meio das tempestades que desabaram sobre nós.

Tempestades dos sentimentos, da vida, do relacionamento e do coração.

Acompanho a sua resistência nas trincheiras da oração e da caridade, sempre buscando forças na fé em Jesus, a fim de sobreviver.

Mamãe, sei tudo.

O que se abateu sobre nós, em casa, teve mais significação para mim do que a própria transformação inesperada a que me vi sujeito.

Depois da ocorrência na estrada — um fato que

desejo esquecer para não mergulhar em outra noite de sofrimento —, muitas dificuldades surgiram para nossa casa.

A dor do meu pai acordou nele um homem diferente, qual se a dor o deixasse na posição de uma estátua de indiferença por fora e de muita angústia por dentro.

Papai Osmar.

Ainda o vejo robusto, chamando-me ao dever em meus quinze anos.

Ele queria formar-me nas experiências do mundo e enfibrar os meus sentimentos de rapaz para que eu me iniciasse tão cedo quanto possível no desempenho de minhas obrigações.

Era eu o menino de que o seu coração querido certamente ainda se lembra, a procurar enfrentar às pressas o trabalho e o estudo conjugados que me conduzissem à situação que ele desejava...

Mamãe, o pai tinha razão.

Ele me queria independente e firme para viver em meu próprio caminho...

Sempre dei a ele todas as razões de que se fazia credor, entretanto não sabíamos que a morte me aguardaria tão cedo no trânsito, em que de três a três meses me voltava em pensamento e corpo na direção do lar...

Aquilo abalou o pai de tal maneira, que ele fornece a impressão de haver morrido na força da vida, continuando a viver, mas imaginando-se morto na intimidade do coração.

Mãezinha Clarice, é preciso compreender e perdoar...

Sinta-me agora em papai...

Nele sou agora o seu filho precisando reviver...

Não se entristeça ao vê-lo, às vezes, menos compreensivo ou aparentemente sem reações afetivas de qualquer natureza...

A senhora, Mamãe, que sempre foi imensamente carinhosa para nós todos, compreenda meu pai e veja nele eu mesmo a lhe pedir entendimento e auxílio...

Papai sofre, e sofre terrivelmente, porque não conseguiu um telhado de fé para se abrigar.

Entretanto, ele permanecerá conosco em nosso refúgio de oração e de paz.

A senhora não permita que o desânimo lhe tome as forças.

A roupa estragada — o corpo que usei — ficou naquela viagem de retorno a casa, mas estou vivo para continuar em nossas tarefas de conjunto.

É verdade que, de momento, ainda não sei como auxiliá-los com os recursos financeiros que tantas vezes sonhei acumular para vê-los mais felizes, mas o coração está repleto de amor, e com amor venceremos, apoiados na confiança em Deus...

Peça às irmãs que nos ajudem...

Diga à nossa Célia Maria e ao nosso Durval para confiarem na Divina Providência.

Posso tão pouco, no entanto, o que eu consiga fazer para senti-los contentes, com um filhinho no futuro a entrelaçá-los ainda mais na vida, hei de fazer de pensamento erguido a Jesus.

Enquanto a criatura desfruta um corpo muito jovem aí no mundo, é difícil entender a força da oração, mas, quando tudo perdemos, com a morte inesperada, uma certa maturidade nos aparece de repente.

É por isso que sinto agora, em papai Osmar, um filho para mim, diante da dor que passou a lhe esmagar o coração.

A senhora, querida Mamãe, encoraje-se como sempre, recorde Maria Cecília, Geni e todos os corações que se ligam ao seu caminho.

Viva para nós, abençoando-nos e amando-nos como sempre.

Creia que, nas atividades de agora, buscando amparar os irmãos sofredores, no grupo de pessoas amigas que passei a integrar, tenho aprendido muito...

Tenho aprendido o valor dos minutos e a preciosidade das migalhas a que se dá tão pouca importância nos dias de céu azul!

Tenho aprendido, em sua companhia, quanto devo fazer para melhorar a mim mesmo, e agradeço a sua dedicação com tudo de melhor que eu tenha no íntimo de minha vida espiritual.

Estaremos juntos.

Diga ao papai que ele não me perdeu, e sim que fui renovado para colaborar com ele em novo modo de ser.

Peço que recebam, qual se fosse eu mesmo, o companheiro amigo que escapou ao desastre...

Ninguém julgue teria eu vindo para a Espiritualidade em tempo inoportuno.

As tabelas da Lei Divina não sofrem erro algum, e por esse documentário da vida que todos somos compelidos a estender na existência do corpo ou fora dele, a minha liberação do corpo físico devia se efetuar qual se realizou.

Obedeçamos a Deus e aceitemos a nossa parte na vida conforme as nossas necessidades.

Mãezinha Clarice, agradeça por mim a todos os corações queridos que me lembraram nas preces.

Minha querida avó Maria Pereira, ou Maria Gonçalves Pereira, tem sido para mim outra mãe, fazendo-me sentir que para ela sou a continuação do caminho que consagra à senhora mesma.

Saudades são nossas, mas as esperanças agora superam nossas dores.

Teremos fé em dias melhores e saberemos que Deus jamais nos abandona.

Querida Mãezinha Clarice, perdoe-me se escrevi extravasando o coração, não poderia fazê-lo de outra forma, porque a sua compreensão e o seu carinho sempre foram o meu abrigo, o santo esconderijo em que recobrava minhas forças para atender aos encargos que abracei.

Para as irmãs queridas, para o Durval, Augusto e Allan, companheiros e irmãos do coração, as minhas lembranças; para meu pai, a vida que anseio lhe instilar ao espírito sofrido, e para o seu devotamento, querida Mamãe Clarice, todo o amor e toda a confiança do filho que é sempre seu e que seja Jesus por nossa paz e felicidade.

Sempre o seu menino e a sua esperança, seu ânimo de viver e seu apoio de todos os instantes que, em tudo isso, encontrou, em sua bondade e em sua abençoada vida, todo o apoio e toda a esperança, todo o ânimo e todo o amor de que disponho para continuar a viver no cumprimento dos desígnios de Deus.

Sempre o seu filho, sempre seu,

Osmar

Osmar de Freitas Filho

※ ※ ※

Documentário da vida

Sobre a mensagem de Osmar de Freitas Filho – Osmarzinho –, a que demos o título de "Nos dias de céu azul", recebida pelo médium Xavier, no Grupo Espírita da Prece, ao final da reunião pública da noite de 27 de julho de 1979, graças à gentileza dos amigos João Batista Ramos, sobre quem falaremos adiante, D. Antônia Nazareth Cassimiro Ramos, Tony William Ramos e Rosilane Anaí Ramos, conseguimos entrevistar a Sra. Clarice Pereira de Freitas, residente em Londrina, Estado do Paraná, na noite de 3 de agosto de 1981, em Uberaba.

Muitos dados colhemos, lendo cerca de três dezenas de cartas de praticamente toda a família, inclusive algumas do próprio Osmarzinho.

Apesar disso, achamos de bom alvitre aproveitar trechos da excelente reportagem que fez Marcelo Borela de Oliveira, na seção "Espiritismo", da *Folha de Londrina*[1], intitulada "Uma prova da sobrevivência da alma: a morte não existe", estampando a última foto de Osmar, colhida poucos dias antes de sua desencarnação, com o sobrinho Carlos Henrique nos braços.

Eis o que nos diz o distinto jornalista londrinense, na parte introdutória:

"Há exatamente seis anos, um veículo partiu de Curitiba com destino a Londrina. Dentro dele, viajavam dois moços; o que estava ao volante viria visitar seus pais e mostrar o carro novo – o primeiro veículo que ele possuiu, e ninguém desconfiava de que seria também o último. A viagem, contudo, não terminou, pois, à altura do quilômetro 61, entre Curitiba e Ponta Grossa, perto de Palmeira, o carro foi colhido por um caminhão que saiu de sua mão, inesperadamente, sem qualquer chance de desvio.

Era o dia 19 de julho de 1975, de madrugada. O rapaz se chamava Osmar de Freitas Filho, natural de Londrina, onde nasceu dia 16/8/53, filho de Clarice e Osmar Freitas. Osmar viria a completar, no mês seguinte, 22 anos, e estava em Curitiba trabalhando numa gráfica, com vistas

---

[1] *Folha de Londrina,* Londrina, 19/7/81, p. 27. – D. Clarice, numa de suas viagens a Uberaba, deixou o seguinte bilhete em nosso consultório: "Para entregar ao Dr. Elias: É o nome do rapaz espírita que é o responsável pela coluna espírita do jornal. / Obrigada, (a) *Clarice. Autor:* Astolfo Olegário de Oliveira Filho. / *Título da Coluna:* "Espiritismo". Sai aos domingos, desde o dia 30/3/80. / *Jornal:* "Folha de Londrina". Tiragem: 36 mil exemplares e circulação estadual, indo também aos Estados de Santa Catarina e Mato Grosso." *(E.B.)*

aos estudos superiores. Por sinal, ninguém da família sabia ainda – e ele viria a contar – que havia sido aprovado no vestibular de Veterinária.

Existe a fatalidade do destino? Por que um jovem ainda tão moço partiria desta vida? Seria culpa do motorista do caminhão? Seria alguma falha humana a responsável por perda tão prematura?

Quatro anos depois, a mãe, Clarice, tomaria a decisão de ir a Uberaba para saber do médium Chico Xavier alguma notícia a respeito do filho. Era 27 de julho de 1979, e Clarice viajara em companhia de uma senhora amiga, Maria Celeste Vicente, esposa de Bernardo Vicente, que havia perdido também, em condições semelhantes, o filho Ivan Sérgio, desencarnado aos 19 anos, em 9/12/76, em acidente de avião.

Quando pôde finalmente abraçar o Chico, já dentro do Grupo Espírita da Prece, em Uberaba, Clarice lhe disse que Osmarzinho era seu único filho e que estava ali para saber notícias dele. Em seguida, desmaiou. Momentos depois, quando se restabeleceu da emoção, Clarice recebia do Chico informação de que o rapaz estava muito bem amparado, sob a assistência de D. Maria Gonçalves Pereira. Chico então lhe perguntou:

– Quem é Maria Gonçalves Pereira?

Clarice respondeu que se tratava de sua mãe, portanto, avó de Osmarzinho, desencarnada no ano de 1939.

Mais tarde, às 3h30 da madrugada de sábado, Chico Xavier transmitiria ao público diversas comunicações de parentes das pessoas presentes. Entre elas, uma comunicação toda pessoal assinada por Osmarzinho. Clarice estava só, mas dona Maria Celeste Vicente – que no dia seguinte teria oportunidade idêntica, ao receber a primeira mensagem do seu filho Ivan – foi testemunha ocular dos fatos."

Uma vez transcrita a mensagem de Osmarzinho, o articulista conclui as suas observações acerca da página que tanto consolo, esperança e alegria levou aos seus familiares e amigos:

"*Considerações ligeiras sobre a comunicação de Osmarzinho*

O jovem refere-se aí a algumas pessoas, que logo identificaremos para nossos leitores. Usa também diversas expressões que eram típicas de seu estilo. Faz, enfim, uma previsão de algo extraordinário que de fato ocorreu oito meses depois.

Pessoas citadas:

1. *Célia Maria:* irmã muito apegada ao Osmar, casada com Durval, e mãe, até então, de um menino.

2. *Durval:* cunhado do Osmar. Eram eles muito amigos.

3. *Maria Cecília:* irmã de Osmar, logo abaixo da Célia.

4. *Geni:* irmã de Osmar, e muito jovem à época da morte do irmão. É a caçula da família.

5. *Maria* Gonçalves Pereira: avó do Osmar, desencarnada em 1939. Foi mãe de D. Clarice.

6. *Augusto:* cunhado do Osmar.

7. *Allan:* cunhado do Osmar, mas que ele não conheceu em vida.

*

Expressões usuais — examinando a mensagem, declarou D. Clarice que o filho utilizou diversas expressões que eram típicas dele, como por exemplo: "Diga à nossa Célia..." - ele tinha por hábito usar expressão desse tipo: "o pai tinha razão!..." — "Aquilo abalou o pai..." — invariavelmente, ele se referia ao pai dessa maneira. O mais notável, entretanto, é a frase colocada em seguida ao 8º parágrafo da comunicação: "Ele queria formar-me nas experiências do mundo..."

Assegura a família que essa frase consta de uma carta escrita ao pai, pouco tempo antes do acidente, exatamente na última carta dele ao pai. Entendemos que esse detalhe se destinava exatamente ao pai, como prova adicional de que a comunicação é idônea.

A previsão — na primeira vez que menciona os nomes

da irmã Célia Maria e do Durval, Osmar se refere à vinda de um filhinho "No futuro a entrelaçá-los ainda mais na vida". Ocorre que Célia Maria não poderia ter mais filhos, segundo prescrições médicas. Seu filho Carlos nasceu em 27/5/70, nove anos antes da comunicação. De lá para cá, Célia teve quatro abortos. Ao lerem essa previsão, houve descrença, mas em outubro/79 o casal descobriu a existência de uma nova gravidez, e dia 3 de abril de 1980, oito meses e seis dias após a mensagem, nasceu uma filha que se chama Scheilla e que vive normalmente, com inteira saúde, confirmando a previsão espírita sobre sua chegada.

Advertências — há recados para muita gente: 1. Aos jovens: geralmente, a criatura jovem não percebe a força da oração e depois, ao vir a maturidade, a visão da vida é inteiramente outra. 2. A todos nós: Osmar diz estar aprendendo o valor dos minutos, enquanto, aqui na Terra, tantos de nós desperdiçamos tempo e oportunidades, sem nada edificar de bom. 3. *Mensagem de fé:* diz ele: "Estaremos juntos". Realmente, as famílias que se amam e se querem reencontram-se após o término da existência física. 4. *Há fatalidade:* diz ele que "ninguém julgue teria eu vindo para a Espiritualidade em tempo inoportuno". A fatalidade no momento da morte existe; nosso tempo aqui é contado, e ninguém sabe se, no dia de amanhã, ainda estará entre os viventes de corpo físico.

A propósito da fatalidade, consultemos os n.ᵒˢ 851 a

866 de *O Livro dos Espíritos,* de Allan Kardec, e o Cap. 6 da obra *Enxugando Lágrimas,* recebida pelo médium Francisco Cândido Xavier[1].

∗∗∗

"Uma das coisas mais importantes – disse-nos D. Clarice – é que quando conversei, pela primeira vez, com o Chico, eu lhe disse:

– O Osmarzinho era o meu único filho, Chico!

Não falei que tinha *filhas,* e jamais me referi ao genro.

Só este fato e os dizeres próprios dele, a maneira toda pessoal com que ele se expressava, já provam a autenticidade da mensagem."

E nos disse mais:

a) que Osmarzinho, quando pequeno, por pesar um pouco mais, tinha o apelido de "Banha";

b) que, quando ele estava com 10 anos de idade, houve suspeita de tumor cerebral, mas, depois de uma consulta em São Paulo e de conversar com José Arigó, foi o diagnóstico esclarecido e ele medicado com medicamento que veio da França;

c) que trabalhava desde os 7 anos de idade, vendendo cacos de vidro, e que ao sair de casa, com 15 anos, seu

---

[1] Francisco Cândido Xavier, Elias Barbosa e Espíritos Diversos, *Enxugando Lágrimas,* IDE, Araras (SP), 5ª edição, agosto/1982, pp. 42-44.

objetivo era trabalhar e estudar, o que nunca deixou de fazer;

d) que ela – D. Clarice, distinta professora de Escola Rural – e uma filha – cremos que seja D. Célia Maria de Freitas Lessi – foram a Curitiba visitar Osmarzinho, depois que ele veio de São Murtinho, no litoral, dando-lhe muita alegria;

e) que, finalmente, vinha, quando foi acidentado e em seguida reconduzido à Vida Verdadeira, trazendo presentes para todos os familiares, e para os pais, em especial, já havia comprado uma TV a cores, pelas suas bodas de prata.

* * *

No Capítulo 15, voltaremos com novos informes sobre Osmarzinho, notável poeta que, dos 6 aos 21 anos de vida física, sempre escrevia belos poemas para a genitora, comemorativos do "Dia das Mães", chegando, aos 12 anos de idade, a escrever-lhe o seguinte acróstico, gênero dos mais difíceis:

> **C**riatura querida
> **L**inda como os raios do Sol
> **A**mada por seus filhos
> **R**indo, chorando, és bela
> **I**sto provo, és criatura de Deus
> **C**antando, sonhando, sou
> **E**u, seu filho Osmar

Porque mesmo chorando, vejo-te a sorrir
Eu sinto orgulho de ti, mamãe
Rindo do mundo
Estando mesmo tão exausta
Idade tu não tens
Recebendo de mim
Amor, muito amor deste teu filho Osmar

Diante de Deus tu és uma rosa
Em frente a nós tu és uma Santa

Faz a todos felizes
Restando tão pouco para ti
Estou tão feliz por ser teu filho
Imenso é este amor
Também das minhas irmãs
Amar a ti é tão bom
Saudade de ti já sinto, quando longe estou...

15

"Mamãe, peça ao papai que viva para nós"

Querida Mamãe Clarice, abençoe-me.

Serei breve.

Estas páginas rápidas, que me permitem escrever em companhia da vovó Maria Pereira, significam apenas que preciso ver o papai Osmar com mais coragem.

Noto-lhe o abatimento e me sinto aflito e preocupado, embora a esperança que estou aprendendo a cultivar no coração.

Mamãe, peça ao papai que viva para nós, conquanto não mais esteja no corpo físico, preciso dele para vê-los felizes.

A nossa felicidade é sempre um reflexo da felicidade daqueles que amamos.

Essa é que é a verdade.

Peço dizer à Maria Cecília, à Célia Maria e à Geni e aos irmãos que Deus nos deu na condição de genros e cunhados, os nossos caros amigos Durval, Augusto e Allan, que não os esqueço e que torno o meu carinho extensivo aos queridos sobrinhos, Carlos Henrique e Janaína, como também envio, nesta noite, meu beijo nas mãos iluminadas da querida Mãe Luíza, que a Divina Providência situou junto de nós para nossa felicidade.

Mãezinha, Deus a recompense por toda a sua dedicação em nosso auxílio, e guarde, com o papai Osmar, todo o coração de seu filho

Osmarzinho

Osmar de Freitas Filho

* * *

Com mais coragem

A segunda mensagem de Osmarzinho – "Mamãe, peça ao papai que viva para nós" –, recebida pelo médium Xavier na noite de 19 de outubro de 1979, no Grupo Espírita da Prece, é bastante clara e fala por si mesma.

Em razão disso, vamos aproveitar este espaço para transcrever não apenas os trechos dos dois artigos publicados na *Folha de Londrina,* o primeiro deles, em sua parte inicial, já citado no Capítulo 14, acima, e o segundo, sob o título "Osmarzinho, compositor", na edição de 13 de setembro de 1981, do mesmo Autor, mas alguns passos de cartas e depoimentos de suas irmãs, da senhora sua mãe e uma frase de seu pai, além de uma canção de Osmarzinho transmitida ao inspirado João Batista Ramos, a 2 de julho de 1981.

※ ※ ※

Eis o que diz a *Folha de Londrina,* de 19/7/81, na parte final da citada reportagem:

"Segunda comunicação de Osmar, através do médium Chico Xavier

No dia 19/10/79, D. Clarice voltou a Uberaba para levar ao Chico uma cópia da comunicação obtida em 27 de julho do mesmo ano. Vimos o original em sua casa, onde notamos a semelhança na letra, pelo menos ao assinar a comunicação. Quanto ao estilo, já comentamos algumas particularidades interessantes. D. Clarice falou com o médium, entregou-lhe a cópia prometida e, com surpresa, recebeu uma nova mensagem do Osmar. (...)

Últimas considerações sobre o episódio

Esta última mensagem, embora simples, traz várias provas de identificação espiritual. Ela demonstra ainda que os Espíritos dos "mortos" se preocupam com os que ficam na Terra, e sentem-se felizes ou infelizes conforme a nossa situação aqui, feliz ou infeliz. Osmar cita aí os nomes dos sobrinhos Carlos Henrique e Janaína, sendo que esta não havia nascido quando ele estava na Terra. Mas a menção à mãe é um fato extraordinário. Mãe Luíza é a preta velha que criou Osmarzinho; foi sua babá e sua protetora, mesmo depois de moço. A mãe Clarice diz que, durante a sessão em Uberaba, ela pensou nas filhas, nos netos, no marido, mas não havia lembrado a Mãe Luíza, mulher simples, bem idosa, que Osmar, no entanto, lembraria em sua mensagem.

Como poderia o médium Chico Xavier mencionar tantos detalhes, tantos nomes, caso a comunicação não fosse um fato autêntico? Todavia, a participação do Osmar nas comunicações, a maneira como ele as transmitiu, os fatos íntimos que relembrou, tudo isso constitui prova indestrutível da sua sobrevivência e do fato de que os Espíritos realmente podem comunicar-se conosco."

*

Agora, a parte final da reportagem da *Folha de Londrina*, de 13/9/81:

"*Osmarzinho compositor*

Em 1975, ano em que morreu para esta vida, Osmarzinho de Freitas dedicou à sua mãe, no Dia das Mães, a seguinte quadra:

> Mãe – três letras de ouro
> Que encerram tanta ternura.
> Mãe, vós sois nosso tesouro
> Neste vale de amargura...

As peripécias da desencarnação (morte física) do jovem Osmar, ocorrida em 19 de julho daquele ano, foram relatadas nesta coluna, no último dia 19/julho, seis anos após sua partida desta vida.

Em Uberaba, onde esteve muitas vezes, sua mãe Clarice de Freitas veio a conhecer um jovem semianalfabeto que trabalhava na zona rural e frequentava a mesma pensão onde ela ficava quando em Uberaba. Em 7 de julho de 1980, esse rapaz, de nome João Batista Ramos, procurou Clarice e lhe contou que, na roça, quando trabalhava, viu o Espírito de um moço que se deu a conhecer por Osmar e que o avisou da chegada de sua mãe, naqueles dias, para quem ele gostaria de deixar uma mensagem em forma de canção. Dito isso, ditou a João a canção. João viu e ouviu, e à noite gravou, acompanhando, ao violão, a canção que Osmar fizera para sua mãe. Quando Clarice chegou a Uberaba, João lhe mostrou a canção, e só depois que ela ouviu, e gostou muito, foi que ele relatou tais acontecimentos.

Dois meses depois, exatamente no dia 7 de setembro do ano passado, o jovem médium receberia nova canção por inspiração de Osmarzinho, e dedicada à sua mãe. Como não podemos transmitir pelo jornal a beleza da melodia, apresentamos, pelo menos, a letra, cujo título é "Presente de Mamãe":

>O Vento nasce no tempo
>A luz na imensidão
>O mel nasce nas flores
>O amor no coração.
>O choro nasce nas lágrimas
>A tristeza na solidão
>No sorriso a ternura
>A loucura na paixão...
>
>Na distância as lembranças
>Nos campos o cheiro das flores
>No coração de mamãe a pureza
>No silêncio a surpresa.
>Em tua alegria os valores
>No teu dia as homenagens
>Na tua força a coragem
>Na poesia meu presente
>
>À mamãezinha, meu amor.

(Médium: João Batista Ramos, Uberaba, em 7 de setembro de 1980.)

* * *

Trechos de cartas e de depoimentos:

1 – "Londrina, 31 de outubro de 1973. / Querido Zinho, / Aqui, hoje, está um tempo triste, pois chove, e o céu está escuro, e não há nem uma estrela para fazer bela a noite. / Mas, em nosso lar, várias estrelas brilham, enquanto que outras param de brilhar, vagarosamente, pois várias coisas acontecem em todos os lares. / Papai e mamãe estão trabalhando bastante, como sempre, todos estão bem: Geni, mamãe, papai, Ia, Carlos Henrique, Durval. (...) / Beijos de todos. / Carinhosamente, *Cecília*. / Escreva-me."

2 – "Londrina, 15 de junho de 1975. / Oi, Zinho, / Me deu a louca de escrever, não é sempre que gosto, mas a saudade faz isso. / (...) / Este provérbio é muito bonito, pense bem e leia-o com atenção, procurando chegar na mensagem que ele transmite: "Quando receberes uma pedra, não chores, faze dela um degrau e suba." / (...) / Seja você mesmo, procurando ser generoso, amigo, honesto. Se for assim, orgulho-me de você. Se não for, dê-me sua mão e procurarei ajudá-lo, pois o amo muito. / sua irmã / *Celinha*."

3 – "Oi, Zinho! / Tudo bem? Espero que sim, e espero também que você possa, brevemente, voltar para sua casa. / (...) / Sua irmã que muito o estima, / *Geni*." (Sem data).

4 – "Ormarzinho, meu querido fiho. / Que Deus, Nosso Senhor, te guie, te ampare e te proteja, hoje e sem-

pre. / Meu querido, se precisares de mais alguma coisa, telefona, sim? / O papai está bom. (...) / Nossa vida aqui é aquilo mesmo que conheces. Graças a Deus, muito melhor, porque a paz e o amor moram em nosso lar. / Osmarzinho, nós sentimos muito a tua falta. / Mas o que vamos fazer, se é para o teu bem? / Meu filho, presta bem atenção nas palavras de tua mãe: *Tu és o nosso orgulho.* / Que Deus te abençoe. / *A Mamãe.* / Filho meu, que Deus te abençoe. / *Osmar.*" (Sem data).

5 – "Londrina, 6/8/81. / Eu e meu irmão Osmarzinho. / Quando pequenos, eu e ele tínhamos bastante amizade, pois temos apenas dois anos e meio de diferença. Brincávamos muito, íamos ao Catecismo Espírita no "Nosso Lar"; eu ficava no Jardim, e ele, na Mocidade. Logo, passei a ir à Mocidade e, então, íamos juntos, ele sempre muito amigo. Quando criança, me dava conselhos, tinha por nós uma grande admiração. Quando saiu de casa, ele sempre nos ligava para conversarmos. / (...) Íamos ao Aeroporto, junto, esperar os aviões chegarem, pois eles distribuíam os lanches que sobravam dos aviões. / (...) Adoro você, Osmarzinho. / Sua irmã / *Cecília.*" (Depoimento).

6 – De Osmarzinho, na inspiração de João Batista Ramos, em 2/7/81:

> "*Obrigado, papai*
>
> Papai, o Sol veio muitas manhãs

Pra nos mostrar novo dia
Mostrar a paisagem distante
Mostrar a sua alegria
Mostrou você trabalhando
Na maior euforia...
Você é tão importante
No correr do dia a dia...
Você me deu a paz, a força
Para eu dizer: sou Homem
Você matou minha fome
Você me deu a mão, papai Osmar,
Você me deu carinho e emoção...
Ainda mais, papai,
Você sorriu quando me viu andar
Você me deu seu nome
Que é vibrante no ar.
Obrigado, papai, obrigado, papai,
Eu também sou

Osmar."

***

Que Jesus, o Divino Mestre, possa abençoar o Espírito de Osmarzinho, na Espiritualidade Maior, para que, com entusiasmo e alegria, continue integrando as hostes abençoadas de jovens desencarnados que estão trabalhando, de modo infatigável, no socorro direto aos jovens perturbados do Plano Físico, encarnados e desencarnados, principalmente os que enveredaram pelas ásperas sendas da impiedade, e que, em momento oportuno, volte ele – Osmarzinho – com novas mensagens mediúnicas, não mais necessitando de entrar em detalhes referentes aos seus familiares que aqui ficaram, mas trazendo esclarecimentos sobre as equipes socorristas do Mundo Espiritual, constituídas por Espíritos que deixaram o corpo físico em plena mocidade!

16

"Tudo aquilo que parecia fim representou um grande começo para seu filho"

Querida Mãezinha com o papai Ayrton, receba o meu pedido de bênção.

Tudo aquilo que parecia fim representou um grande começo para o seu filho.

Cair sob o desequilíbrio de um veículo, sem que me fosse possível prever a extensão da luta na qual penetrava sem querer, foi uma calamidade, a princípio, porque um torpor invencível me dominou as energias e, por mais me propusesse ansiosamente a socorrer a nossa querida Mônica, a verdade é que uma força gigantesca me apagava qualquer impulso de resistência.

Quanto tempo gastei naquela inércia indefinível ainda não sei dizer.

Acordei na posição de que fora conduzido a algum recanto de emergência, na cidade; no entanto, quanto via era agora estranho demais para que me supusesse num ambiente familiar.

O seu carinho compreenderá que, por muitas horas, voltei a ser o menino exigente da infância.

Queria, à força, que os meus viessem a mim, reclamava contra tudo e todos, quando uma senhora se colocou à minha frente.

Falou-me com bondade, conquanto não me visse em condições de reconhecê-la.

Ela propriamente se identificou, declarando-me ser a vovó Onofra que me desejava paz e refazimento.

Compreendi tudo, sem maiores explicações.

Acalmei-me, porque é impossível que um doente qualquer não se acomode em se vendo no colo de alguém que lhe recorda o carinho de mãe...

E Mônica? Perguntei.

Mas vieram outros amigos: o vovô Crimildes, o tio Wellington, a tia Maria, o Dr. Pina Júnior, o amigo Plínio Jaime, e outras dedicações dialogaram comigo.

E a compreensão voltou como se fazia necessá-

ria, e lamento ver a nossa querida Mônica sofrendo os remanescentes do acidente havido, mas sei que ela está sob assistência segura.

Mamãe, foi preciso revirar minhas orações do tempo de criança, a fim de reformar-me na serenidade com que devo enfrentar os acontecimentos.

Agradeço as suas preces em meu favor, e tudo o mais que sua bondade me oferta, a fim de que me veja corajoso e contente, tanto quanto possível.

Peço-lhe fortaleza de ânimo.

Os irmãos estão aí a solicitarem atenção.

Eles, com a nossa querida Silvana, necessitam e necessitam muito de sua presença e da presença de meu pai.

E a nossa Mônica será outra filha sua.

Mãe querida, auxilie-me a vê-la fortificada na fé.

Um longo tratamento com recordações repletas de dor é uma grande provação contínua, qual se fosse uma aflição parada por dentro da própria alma.

Confio em nossos benfeitores, cuja existência só reconheço aqui, na vida espiritual, em que ela será beneficiada com as melhoras precisas.

Mamãe querida, com meu pai Ayrton, com o

Wellington, com a Eliane, com Silvana e com a nossa querida Mônica, guarde em seu íntimo toda a esperança e toda a gratidão de seu filho, sempre o seu
Wander

Wander Alves Azerêdo

* * *

PAZ E REFAZIMENTO

Servindo-nos de um depoimento prestado pelos pais de Wander Alves Azerêdo, residente em Anápolis, Estado de Goiás, a propósito da mensagem que dele receberam, pelo médium Xavier, ao final da reunião pública do Grupo Espírita da Prece, na noite de 12 de setembro de 1981 – "Tudo aquilo que parecia fim representou um grande começo para seu filho" –, traçamos ligeiro escorço biográfico do Espírito comunicante e, ao final, transcrevemos confortadora página do Benfeitor Emmanuel, qual fez a família Azerêdo no impresso da mensagem destinado ao grande público.

Wander Alves Azerêdo, filho do Sr. Ayrton de Pina Azerêdo e de D. Maria Alves Azerêdo, nasceu a 24 de abril de 1961, em Anápolis (GO), sendo o terceiro dentre os quatro filhos: Wellington, Eliane e Silvana, a caçula.

Fez o curso primário no Colégio Couto Magalhães; o ginasial, no Colégio São Francisco; e o Científico, no Colégio Pré-Universitário Einstein.

Passou o ano de 1979 nos Estados Unidos da América do Norte, mediante bolsa do Programa de Intercâmbio Estudantil do Rotary Internacional.

No início de 1980, tentou vestibular para Engenharia, em Goiânia.

Em todos os colégios por onde passou, praticou esportes, recebendo diversas medalhas, principalmente em Vôlei e Natação.

Participou de vários torneios goianos, sendo convidado, inclusive, para integrar a Seleção Goiana de Vôlei.

Wander era forte, alto (1,78 m), de fisionomia triste, calado, mas de bons sentimentos.

Não dava valor excessivo aos bens materiais, de personalidade firme, sincero e honesto; não gostava de fazer comentários desairosos contra quem quer que fosse, e sempre foi muito responsável, assumindo todos os seus atos.

No dia 24 de janeiro de 1981, quando voltava da chácara de seus pais, trazendo Mônica, a namorada, que tinha ido passar o dia com a família dele, trafegando pela Avenida Mato Grosso, ao desviar de outro veículo, seu carro se desgovernou e chocou-se contra uma árvore.

No impacto, sofreu pancada violenta na cabeça e no tórax.

Encaminhado para o Hospital Evangélico Goiano, permaneceu na Unidade de Terapia Intensiva (UTI) por nove dias, vindo a desencarnar no dia 2 de fevereiro de 1981.

***

1 – *Nossa querida Mônica:* trata-se de sua namorada, que com ele se encontrava, quando ocorreu o acidente.

2 – *Vovó Onofra:* avó materna, desencarnada a 15 de fevereiro de 1977, em Anápolis.

3 – *Vovô Crimildes:* avô paterno, desencarnado a 25 de janeiro de 1970, na mesma cidade goiana.

4 – *Tio Wellington:* tio paterno, desencarnado a 8 de fevereiro de 1950, em Anápolis.

5 – *Tia Maria:* tia paterna, desencarnada a 12 de junho de 1980, em Pirenópolis, Estado de Goiás.

6 – *Dr. Pina Júnior:* primo desencarnado em Anápolis, a 20 de julho de 1942.

7 – *Plínio Jaime:* amigo da família, desencarnado a 11 de novembro de 1974, na referida cidade.

8 – *Wellington, Eliane e Silvana:* seus irmãos, residentes em Anápolis.

***

Para que possamos sair da leitura deste livro com o

que há de mais enriquecedor em matéria de Espiritismo a se constituir no Consolador Prometido por Jesus, detenhamo-nos na belíssima página de Emmanuel, recebida pelo médium Francisco Cândido Xavier:

> **"Ante o Além**
>
> A vida não termina
> Onde a morte aparece.
>
> Não transformes saudade
> Em fel nos que se foram.
>
> Eles seguem contigo,
> Conquanto de outra forma.
>
> Dá-lhes amor e paz,
> Por muito que padeças.
>
> Eles também te esperam,
> Procurando amparar-te.
>
> Todos estamos juntos,
> Na presença de Deus."

IDE | Conhecimento e educação espírita

No ano de 1963, Francisco Cândido Xavier ofereceu a um grupo de voluntários o entusiasmo e a tarefa de fundarem um periódico para divulgação do Espiritismo. Nascia, então, o Instituto de Difusão Espírita - IDE, cujos nome e sigla foram também sugeridos por ele.

Assim, com a ajuda de muitas pessoas e da espiritualidade, o Instituto de Difusão Espírita se tornou uma entidade de utilidade pública, assistencial e sem fins lucrativos, fiel à sua finalidade de divulgar a Doutrina Espírita, por meio de livros, estudos e auxílio (material e espiritual).

Tendo como foco principal as obras básicas de Allan Kardec, a preços populares, a IDE Editora possui cerca de 300 títulos, muitos psicografados por Chico Xavier, divulgando-os em todo o Brasil e em várias partes do mundo.

Além da editora, o Instituto de Difusão Espírita também se desenvolveu em outras frentes de trabalho, tanto voltadas à assistência e promoção social, como o acolhimento de pessoas em situação de rua (albergue), alimentação às famílias em momento de vulnerabilidade social, quanto aos trabalhos de evangelização infantil, mocidade espírita, artes, cursos doutrinários e assistência espiritual.

Ao adquirir um livro da IDE Editora, além de conhecer a Doutrina Espírita e aplicá-la em seu desenvolvimento espiritual, o leitor também estará colaborando com a divulgação do Evangelho do Cristo e com os trabalhos assistenciais do Instituto de Difusão Espírita.

www.idelivraria.com.br

idelivraria.com.br

Pratique o "Evangelho no Lar"

Aponte a câmera do celular e faça download do roteiro do **Evangelho no lar**

Ide editora é nome fantasia do Instituto de Difusão Espírita, entidade sem fins lucrativos.

○ ideeditora   f ide.editora   🐦 ideeditora

◀◀ DISTRIBUIÇÃO EXCLUSIVA ▶▶

📍
Av. Porto Ferreira, 1031 | Parque Iracema
CEP 15809-020 | Catanduva-SP
📞 17 3531.4444   💬 17 99257.5523

○ boanovaed
▶ boanovaeditora
f boanovaed
🌐 www.boanova.net
✉ boanova@boanova.net

Fale pelo whatsapp

Acesse nossa loja